Thinking 101

How to Reason Better to Live Better

イェール大学集中講義

思考の穴

わかっていても間違える全人類のための思考法

著 アン・ウーキョン
訳 花塚恵

ダイヤモンド社

マーヴィン、アリソン、ネイサンへ

THINKING 101
by
Woo-kyoung Ahn

INTRODUCTION

わかっていても避けられない？

私がイリノイ大学アーバナシャンペーン校の大学院で認知心理学の研究をしていたとき、折に触れては同じラボの人たちとナチョスとビールを楽しみに出かけた。

その時間は、正式な個別の面談では話題にのぼりそうにないことを指導教授に尋ねる絶好のチャンスだった。

あるときの集まりで、私はしばらく頭を悩ませていた疑問を思い切って教授にぶつけた。

「認知心理学で、世界をよくすることはできますか？」

変なことを聞いているとの自覚はそれなりにあった。すでにこの分野の研究に生涯を捧げると決意していたのだから、そういうことを尋ねるのは少々遅すぎる。

とはいえ、世界のあちこちで開かれる認知科学のカンファレンスで自分の研究結果を発表し、それらが高名な心理学関連のジャーナルに掲載されるようになってもなお、私は高校時代の友人に自分の仕事の存在意義をうまく説明できずにいた。

その日は、「現実世界に存在しない複雑な問題に取り組む自分たちの賢さをひけらかしたいだけ」としか思えない論文を読むのに苦労した後だったこともあり、とうとうその疑問を口にする勇気が出たのだ（ビールの力も借りたが）。

ありとあらゆる「思考の不具合」を探求する

私の指導教授ははっきりとものを言わないことで有名だった。

「次の実験は、AとBのどちらをしたほうがいいですか？」と尋ねれば、不可解にも「イエス」と答えたり、「君はどう思う？」と尋ね返してきたりする。

今回のイエスかノーが答えとなる質問に対し、教授はシンプルに「イエス」と答えた。私はラボの同僚と一緒に、詳しい説明が続くのを黙って待った。その時間は5分にも感じたが、彼はそれ以上何も言わなかった。

それから30年にわたり、私はその疑問の答えを自ら模索すべく、現実世界の問題に適用できそうな解決策を探り続けている。

2003年にイェール大学の心理学教授となってからは、**人を惑わせるさまざまなバイアスについて調べ、さらにはそうしたバイアスを正す方法**を考案してきた。その方法は、日常生活で遭遇する状況に実際に適用できるものだ。

また、調べると決めた「バイアス」だけでなく、それ以外にも存在するありとあらゆる「思考の不具合」について探求してきた。私や私を取り巻く人たち（学生や友人、家族など）を困った状況に追いやるさまざまな問題だ。

課題を先延ばしにした学生は、することはまったく同じなのに、いま対処するより未来に対処するほうがうまくできると思ってしまい、後から苦しむことになった。私の教え子を誤診した医師は、自身が立てた仮説を裏付ける質問しか尋ねなかったから誤診した。

それから、現実を一方向からしか見ようとせず、自分に降りかかる災難をすべて自分のせいにすることで不幸になる人もいれば、自分に非があると考えもしない誰かのせいで不幸になる人もいる。

また、相手が絶対にわかる言葉で伝えたと思っていたら、実際には完全に誤解されていて苦々しい思いをした夫婦もいる。

イェール大学の超人気講義「シンキング」

「思考の不具合」によって問題が生じるのは、個々人の生活だけにとどまらない。そういう根本的なエラーやバイアスは、実にさまざまな社会経済的な問題を引き起こす。政治の分極化、気候変動への加担、人種差別、警官の発砲をはじめ、ステレオタイプや偏見が根っこにあるほぼすべての問題に関係している。

私は「シンキング（Thinking）」という講義を開始し、心理学がそうした問題の認識や対処、さらには日常においてさまざまな決断を下すときの判断力の向上にどう役立つかを教えることにした。

この講義は学生たちのニーズにぴったりと合ったようで、２０１９年だけで登録した学生の数は４５０人を上回った。心理学のアドバイスを欲している人が多く、口コミで広がったようだ。

ほかにも興味深いことがあった。学生から、大学を訪れた彼らの家族を紹介されると、「先生の講義で、毎日のいろんな問題への対処法を学んでいると聞いています」としょっちゅう言われた。なかには、親きょうだいにアドバイスまで始めた学生もいるという。

また、同僚の話によると、私が講義で行った実験がもたらす影響について、学生たちが食堂で熱く議論していたこともあったようだ。仕事を離れた場でも、私が講義でテーマにした内容を話題にすると、もっと詳しく知りたいと言われた。

こうした経験を通じて、心理学に基づく思考ツールのようなものが切実に求められ、必要とされていると実感したことから、私はもっと幅広い人たちに私が教えていることを知ってもらおうと、本を書くことにした。

そして、本に含めるテーマを8つ選んだ。**いずれも学生をはじめ、人々が(私自身も含む!)日々直面する現実的な問題に、とりわけ関係が深い**と思われるものだ。

章ごとに1つのテーマを扱うため、(関連性のある題材について章をまたいで言及するものはあるが)基本的にはどの章からどの順で読み進めてもらっても構わない。

戦略的に「論理的思考力」を向上させる

思考におけるエラーやバイアスについて説明するとはいえ、この本は人が抱える問題点を指摘するものではない。

「思考の不具合」は、私たちの脳が非常に込み入ったかたちで配線されているから起こるもので、納得できる理由がある場合がほとんどだ。

論理的に考えているはずでも間違ってしまうのは、主に、認知能力が高度な進化を遂げてきたことが原因だ。そうした認知能力が発達したおかげで、私たち人間は種としてここまで生き延び、繁栄することができた。

そのため、思考の不具合の解決策は、必ずしも簡単に手に入るとは限らない。それどころか、**どんなタイプのバイアスも、取り除くのは恐ろしく難しい**。

加えて、思考におけるエラーやバイアスを避けたいのであれば、それらがどういうものかを学習し、避けようと心にとめておくだけでは十分ではない。

不眠を思い浮かべてみればよくわかる。不眠の状態が生じれば、何が問題かは明確にわかる。そう、眠れないことが問題だ。しかし、不眠の人に向かって「睡眠時間をもっと増やすべきだ」と告げても何の解決にもならない。

それと同じで、この本で扱うバイアスにはすでになじみのあるものも含まれていると思うが、バイアスを避けるには、「そのバイアスをかけるな」と注意する以上の処方箋が必要になる。

幸い、裏付けとなる研究の数が増えるにつれて、**論理的思考力の向上を図るうえですぐに活用できる戦略**もわかってきている。

また、そうした戦略を参照することで、そもそも自分ではコントロールできないことは何か、さらには、一見うまくいきそうでも実際には裏目に出る可能性があることは何かといったことまでわかるようになる。

この本は科学的なリサーチに基づいている。主に私以外の認知心理学者による研究だが、私自身が実施したものもある。何年たっても古びない有名な研究に加え、認知心理学の分野における最新の研究成果も引用させてもらった。

講義のときと同じように、私たちの日常の多種多様な場面から切り取ったさまざまな事例を使いながら、ポイントを解説していく。私がそうするのには理由があり、その理由は読み進めるうちにわかるはずだ。

それでは、私が指導教授に尋ねた疑問に立ち返ろう。

「認知心理学で、世界をよくすることはできますか?」

初めてこの疑問を投げかけてから、私は日を追うごとにその答えへの確信を強めている。答えはまさに、教授が端的に示した言葉と同じ「イエス」だ。絶対にできる。

イェール大学集中講義　思考の穴　目次

Chapter

02

「確証バイアス」で思い込む

賢い人が自信満々にずれていく

Chapter

03

「原因」はこれだ！

Chapter

04

危険な「エピソード」

「こんなことがあった」の悪魔的な説得力 157

Chapter

05

「損したくない！」で間違える

Chapter

06

脳が勝手に「解釈」する

Chapter

07

「知識」は呪う

Chapter

08

わかっているのに「我慢」できない

人はどうしても不合理に行動する 323

※本文中の〔　〕は訳注を表す。数字のルビは巻末の参考文献と対応している。

Chapter

01

「流暢性」の魔力

人はすぐ「これは簡単」と思ってしまう

450席を有するレヴィンソン講堂は、イェール大学でもっとも大きな講堂のひとつだ。月曜日と水曜日の11時35分から12時50分は、私が担当する「シンキング」という学部生向けの講義が開かれる時間で、講堂の席はぎっしり埋まる。

今日の「過信」に関する講義はとりわけ学生の関心を集めるだろう。なにしろ、Kポップのダンス動画にあわせて前に出て踊ってくれる学生を募る予定なのだ。

この講義は、**自分のことを平均より上だと認識する現象**の説明から始まる。

100万人の高校生に「リーダーシップ能力」を自己評価させた実験では、70パーセントが自らの能力を平均以上と評価し、「周囲とうまくやっていく能力」に至っては、60パーセントが自分は上位10パーセントに入ると評価した。大学教授に「指導力」を自己評価させた調査では、3分の2の教授が、自分は上位25パーセントに入ると回答した。

こうして自己を過大評価するさまざまな例を提示したら、次は「自分の運転技術は平均以上だと主張するアメリカ人は、何パーセントいると思いますか?」と問いかける。

そうすると、先に紹介した例より高い数字が学生たちから挙がる。80パーセント、85パーセントの声に続いて笑いが起こるのは、そんなに高いはずがないと思っているのだろう。だが、彼らの推測でもまだ低すぎる。正解は93パーセントだ。

「BTSのダンスを踊れる」と錯覚した訳

思考するときに生じるバイアスについて本気で学生に理解させようと思ったら、研究結果を説明するだけでは絶対に不十分だ。

だから私は、学生たちにバイアスの存在を実感させることを試みる。

彼らには、**「自分は大丈夫」というバイアス**――「認知バイアスにとらわれる人はいるだろうが、自分はとらわれない」という思い込み――の犠牲になってほしくないのだ。

たとえば、たまに不安になることもあるというだけの理由から、「自分は自信過剰ではない」と信じている学生がいるかもしれない。試験を受けたときの手応えと実際の結果がたいてい近いというだけの理由から、リーダーシップや対人スキル、車の運転技術といったことでも、自分は同級生に比べて正しい自己評価ができていると過信している学生がいるかもしれない。

そこで登場するのがダンスだ。

まずは、韓国の人気グループBTSが歌う「Boy With Luv（ボーイ・ウィズ・ラブ）」のミュージックビデオから切り取った6秒の動画を流す。このビデオのユーチューブでの再生回数は、14億回を上回る。私はあえて、振り付けが複雑すぎない部分を選んで切り取った（公式MVを見つけた人は、1分18秒から1分24秒の部分を参照）。

動画を流し終えたら、そのダンスを踊ることができた人に賞品を用意したと告げる。そして**同じ動画をもう10回流す**。さらには、このダンスの指導用に制作されたスローバージョンの動画も流す。

そのうえで、ダンスに挑戦する志願者を募る。

ひとときの名声を得ようと10人の勇敢な学生が講堂の前方へやってくると、ほかの学生たちから大きな歓声があがる。声をあげた学生のほとんどが、自分も踊れると思っているに違いない。何度も繰り返し動画を見れば、私ですら踊れそうな気がしてくる。しょせんはたった6秒のダンスだ。それほど難しいはずがない。

観客となった学生たちから、画面ではなく自分たちのほうを向いて踊れとの要求が飛ぶ。そして曲が流れ出す。志願者は腕を激しく振り回し、跳んだりキックしたりするが、そのタイミングはみなバラバラだ。誰かはまったく違うステップを踏み、何人かは3秒で踊るのをあきらめる。その姿に、みなが大笑いする。

何度も見ると、なぜか「できる」と思ってしまう
――「流暢性効果」とは何か？

頭のなかで容易に処理できるものは、人に過信をもたらす。そうして生まれる過信のことを「流暢性効果」と呼ぶ。流暢性効果はそっと私たちに忍び寄り、さまざまな錯覚を生じさせる。

講義中にBTSのダンスを学生に踊らせるという発想は、**人が新しいスキルを習得するときに生まれうる流暢性の錯覚**について調べた研究から得たものだ。[1]

その研究の実験に協力した参加者は、マイケル・ジャクソンがミュージックビデオでムーンウォークをしているシーンを切り取った6秒の動画を視聴した。そのシーンに映るマイケルは、床から足を離すことなく、滑らかに後ろ向きに歩いている。ちっとも複雑そうな動きではないし、いとも簡単に、つまりは流暢に行っているように見える。

その実験では、一部の参加者には動画を1回だけ、残りの参加者には20回視聴させた。そのうえで、ムーンウォークをどのくらい上手にできると思うかを全員に自己評価させた。すると、動画を20回視聴したグループのほうが、1回しか視聴しなかったグループに比べて強い自信を示した。何度も観たことから、動きを細部まですべて覚え、頭のなかで簡単に再生できるようになったと思い込んだのだ。

しかし、真実が露《あら》わになる瞬間が訪れる。実際にムーンウォークをやってみると、2つのグループに差はまったくなかった。マイケル・ジャクソンのムーンウォークを20回視聴しても、1回しか視聴しなかった人より上手にできるようにはならなかった。

誰かが難なくやり遂げている姿を見ると、自分も労せずできるという錯覚が生まれやすい。

ホイットニー・ヒューストンが歌う「♪エンダーー・イアーー・ウィル・オールウェイズ・ラーヴ・ユー」を頭のなかで再生しながら、自分にもそんな高音が出せそうだと思ったことはないだろうか。ユーチューブで誰かがおいしそうなスフレをつくっているのを観て、簡単そうだとつくってみたことは？　誰かのダイエット前と後の写真を見て、新たにダイエットを始めたことが、あなたにもあるのではないだろうか？

ふわふわのスフレや美しいボディラインといった、完璧な形状や素晴らしい見た目の何かが当たり前のものとして目の前に現れると、それが完成するまでの過程についても、「流暢にできるもの、調子よくやすやすと進むものに違いない」との誤解が生まれる。

たとえば、**簡単に理解できる本を読んでいると、その本は書くのも簡単だったのだろうと感じるかもしれない。**フィギュアスケートをやったことがないと、大勢の選手が難なくやってのけるダブルアクセルをなぜ失敗するのか、と不思議に思うかもしれない。

簡単に理解できる本を書き上げるまでに見直した回数や、ダブルアクセルにつぎこんだ練習量についてはあっさりと見過ごされてしまう。

さまざまな分野の専門家が講演を行うＴＥＤトークもまた、流暢性によって誤解が生じる好例だ。トークの長さは18分が一般的で、原稿にするとわずか6～8ページほどでしかない。講演者はそのテーマの専門家だから、それほど短いトークの準備など造作もないことで、即興で臨む人すらいるだろうと思うかもしれない。

ところがTEDのガイドラインを見ると、トークの準備には数週間から数か月を費やすことになるという。また、スピーチの指導者は、一般にTEDのような形式の講演には、**最低でも1分あたりにつき1時間のリハーサルが必要**だと教える。つまり、60回は練習するのだ。

それにかかるおよそ20時間は話す練習だけの時間であり、6〜8ページにわたる原稿に何を含めるか、そしてそれ以上に重要な、何を削るべきかを検討する日数や時間は含まれていない。

実は短いプレゼンのほうが、長いものに比べて準備が大変だ。というのは、時間が短ければ、次に語ることについて考える時間や、話題を転換するのに最適なタイミングを図る時間が取れないからだ。

私は一流コンサルティング企業で働くかつての教え子に、イェール大学での教育は、いまの仕事の役に立っているかと尋ねたことがある。すると彼は、できれば、3分でクライアントを納得させる話し方を学びたかったと答えた。そういう短いプレゼンは、一語一語が大切になるのでとりわけ難しい。だが上手に行うと、とても簡単そうに見えるものだ。

追加情報を得ると「本当らしく」思えてしまう

流暢性が錯覚をもたらす対象は、ダンスや歌、スピーチといったスキルだけにとどまらない。知識にまつわる部分にも影響を及ぼす。**人は新たな知見を得たときに、それが見出された経緯を知ると、その知見が事実だと信じる気持ちが強くなる**のだ。

ダクトテープを思い浮かべてほしい。これは何かを固定したいときに使う粘着テープで、スニーカーの穴をふさいだり、ズボンの裾のほつれを内側で止める応急処置に使ったりできる。調査によると、ダクトテープはイボの除去にも利用でき、液体窒素を使う標準的な治療より優れた結果をもたらすこともあるという。

信じ難い話だが、どういう理屈か説明しよう。

イボはウイルスの感染によって生じ、ウイルスは空気と日光を遮断すれば死滅させることが可能になる。イボをダクトテープで覆えば、まさにその状態になるのだ。

このように、結果が生じるまでのプロセスが明らかになると、ダクトテープに治癒力があるという話の信憑性が増す。

私が初期に手がけた研究のなかに、この種の現象について調べたものがある。結論からいうと、人は**基本的なメカニズムを思い描くことができると、相関関係に因果関係を見出そうとする傾向が強くなる**と判明した。[2] 手持ちのデータはまったく同じでも、結果が生まれるまでのプロセスを流暢に思い描くことができると、それを因果関係だと早合点する傾向が強くなるのだ。

それ自体は悪いことではないが、基本的なメカニズムに不備があれば話は別だ。こうだと確信して頭に描いた流暢なプロセスが誤りならば、見出した因果関係も誤りである可能性が高い。

具体的な例を見ていこう。

その現象について研究していたとき、私は『宇宙時計――占星術から現代科学まで』(未邦訳) という本に出合った。

これは「超占星術師」を自称するミッシェル・ゴークランという人物が1960年代に書いた本で、統計資料の提示から始まる (疑わしいものも一部あるが、便宜上、まともな統計資料という前提で話を進めよう)。たとえば、火星が出現し正中した直後 (これがどういう意味にせよ) に生まれた人は、医師や科学者、アスリートとして大成する確率が高いという。

ゴークランは何百、ときには何千というデータポイントを示しながら、精緻な統計資料を使って結論を導き出した。それでもなお、彼の結論に懐疑的な人はいた。著者本人さえ自らの発見に困惑し、釈明してみせる。科学的根拠の薄そうな、「赤ん坊は誕生する瞬間、惑星によって何らかの才能を授けられる」という仮説を退け、代わりにもう少し通りのいい説明を提供するのだ。

それによると、人の性格、特性、知性はある程度生まれつきのものであり、それらは子宮にいるときにすでに授かっている。胎児は誕生する準備が整うと、化学信号を発して陣痛を促す。何らかの性格特性を備えた胎児は、地球外の事象によって生じた微量の重力に呼応して生まれる準備を整え、信号を発するというのだ。

このような込み入った説明をされると、懐疑的だった人ですら、「ありえない」から「ありえないとは言い切れない」へと意見を翻《ひるがえ》すことがあってもおかしくない。

また、一部の陰謀論がいつまでもはびこっているのも、こういった「**知識がもたらす錯覚**」のせいかもしれない。

「ジョン・F・ケネディを暗殺したリー・ハーヴェイ・オズワルドはCIAのエージェントだった」という陰謀論は突飛すぎるように思えるが、「CIAは大統領の共産主義への対処を憂慮していた」との説明が加わると、説得力が増す。

Qアノンによる「トランプ元アメリカ大統領は、ディープ・ステート（闇の政府）に隠された、悪魔を崇拝する小児性愛者で人食いの集団による秘密結社とひそかに闘っている」という陰謀論は、政府の内部情報にもアクセスできる「Q」が情報源ということになっている。もちろん中身はデタラメだが、Qの投稿に専門用語がふんだんに使われていたことで、知識がもたらす錯覚が生じ、その内容を事実として受け止める人が大勢現れた。

「言いやすい名前」のものを高く評価してしまう

流暢性効果は、たちの悪い不合理な錯覚も招く。

ここまでに紹介した錯覚は、目の前の何かに「流暢性」を知覚したときに生じるものだ。人は、これからやろうとする作業に流暢性を感じ取ると、それを実行した場合の難しさを過小評価する。

また、異議を唱えていた何かの基本的な構造が明らかになるだけで、その何かは一切変わっていなくても、受け入れ難かった部分が受け入れやすくなったように感じる。

だが、実は判断する対象とは本質的には無関係な要素に流暢性を感じた場合でも、判断を歪められるおそれがある。

たとえば、株式の名称が市場でのパフォーマンスへの期待度合いに影響を及ぼすかどうかを調べた研究がある。[3] なんと**「名称」にも流暢性効果が生じる**のだ。

研究者たちはまず、発音しやすい架空の株式の名称（フリンクス、タンリー）と、あまり発音しやすくない名称（ユリムニアス、クーオウン）を考案した。そして、実験の参加者にそうした名称だけを情報として与えたところ、発音しやすい（つまりは流暢性がある）名称の株式は高く評価され、あまり発音しやすくない（つまりは流暢性がない）名称の株式は低く評価された。

研究者たちは実在する株式にも注目し、発音しやすい名称とそうでもない名称（例：サザン・パシフィック・レール・コープとグァンシェン・レールウェイ・カンパニー）のニューヨーク株式市場での株価の推移を追った。

すると、発音しやすい名称の株式のほうが、発音しづらい名称の株式に比べて優れたパフォーマンスを見せた。とりわけ発音しやすい10の銘柄と、とりわけ発音しづらい10の銘柄に投資したところ、発音しやすい10の銘柄のほうが、1日で113ドル、1週間で119ドル、6か月で277ドル、1年で333ドル多く利益をもたらした。

だが、そんなのはただたんに、流暢性のない名称の企業が、アメリカの株式市場で取引する人々になじみが薄かっただけの話だと思う人もいるだろう。

そこで研究者たちは最後に、アルファベット3文字のティッカーコードに注目した。これはアメリカの株式市場で使用されている銘柄を識別するためのコードで、カー・グローバル社のコード「KAR（カー）」のように言葉として発音できるコードと、ヒューレット・パッカード社のコード「HPQ（エイチピーキュー）」のように言葉として発音できないコードがある。

驚いたことに、ニューヨーク証券取引所、アメリカン証券取引所のどちらを見ても、言葉として発音できるティッカーコードを持つ企業の株価のパフォーマンスは、言葉として発音できないティッカーコードの企業に比べてはるかに優れていた。**ティッカーコードの流暢性の度合いなど、会社としての優良性にはまったく関係がない**はずなのに（コードの決定に会社は一切関与できない）、投資家たちは言葉として発音できないティッカーコードの企業より、言葉として発音できるコードを持つ企業のほうに価値を見出したのだ。

「無関係な知識」で自信を持ってしまう

株式市場に詳しくない人もいるだろうから、今度は**ネット検索で密かに生じる流暢性効**

果について見ていこう。

今日では、何でも「ググる」ことができる。しかし、専門的な情報にアクセスすると、過信を生むおそれがある。実際に持ち合わせている以上の知識が自分にあると思い込み、ググっていない話題についても知っていると錯覚するのだ。

それを確かめたのが、参加者に向かって「閏年《うるうどし》があるのはなぜか？」や「月はなぜ満ち欠けするのか？」などと問いかけた実験だ。[4]

まず、半数の参加者にはインターネットで質問の答えを探すように指示し、残りの半数にはそれを許さなかった。そして実験の後半では、どちらのグループにも検索を許さず、「アメリカの南北戦争は何が発端となったか？」や「スイスチーズにはなぜ穴があいているのか？」といった新たな質問を投げかけた。

どれも実験の前半で出題されたものとは無関係な質問なので、前半に検索を許されたグループに有利な点は何ひとつない。ということは、後半の新たな質問の正否に対する自信の強さは、どちらのグループも同程度になりそうなものだ。

ところが、前半にネット検索を利用したグループは、検索できなかった後半の質問に関する自らの知識についても、もう一方のグループに比べて高く評価した。無関係な情報にアクセスしたことで、自らの知識に対する自信が吊り上がってしまったのだ。

いくら学んでも「罠」に陥る

私は流暢性効果について理解しているが、いまだにその罠に落ちてしまうことがある。ユーチューブで毛足の長い犬の毛の手入れの仕方を説明する40分の動画を観たときは、わが家のかわいいハバニーズのトリミングに、さらに40分費やしたあげく、アメリカンケネルクラブによる「ハバニーズはどんなヘアスタイルにしても愛らしい」との主張が誤りであると証明してしまった。

私にはガーデニングのカタログを眺める趣味もある。完璧に手入れの行き届いた庭、それも野菜を育てている庭の写真を目にすると、1エーカー〔約60メートル四方〕の土地を覆い尽くせるほどの種を注文してしまう。でもそんな土地はないので、買った種は室内栽培用の特殊なライトを使って発芽させる。昨年収穫した野菜は、全部合わせてもピーマンが4つにサラダ3回分のケールだけ。カタログでは本当に簡単そうに見えたのに！

私が認知バイアスを教えるようになってから30年以上がたつが、それでもやはり、苦もなく流れるように犬の毛をトリミングするユーチューブの動画や、隅々まで手入れされた華やかな庭の写真に騙されてしまう。

認知バイアスについて学習すれば、バイアスに気づいて避けられるようになるはずではないのか？　私が本当に認知バイアスの専門家であるなら、なぜバイアスの影響を避けられないのか？

その答えはこうだ。

認知バイアスについて学習した後でもその影響を受けてしまうのは、認知バイアスのほとんど（おそらくはそのすべて）が、脳の高度な適応のメカニズムの副産物として生まれたものだからだ。そうしたメカニズムは、ヒトという種が何千年にもわたって生き残るなかで、私たちの役に立つように進化を遂げてきた。その働きは、そう簡単に制止できるものではない。

流暢性効果が生じる原因は、「メタ認知」と呼ばれる能力で使用される、シンプルで単純な法則にある。

メタ認知は認知心理学の世界で使われる専門用語で、「**何かを認知しているかどうかを認知する能力**」を意味する。具体的には、泳ぎ方を知っているかどうか、固定金利型住宅ローンの意味を知っているかどうかなどを自分で認識する能力のことだ。

これは、認知を構成する要素のなかでもとりわけ重要な能力となる。

泳ぎ方を知らない人は、たとえ暑い日ですぐに身体を冷やす必要があっても、深いプールに飛び込んではいけないと知っている。「固定金利型住宅ローン」という言葉に聞き覚えがない人は、そのローン契約書に署名する前に、よく調べたほうがいいと考える。

要は、**メタ認知とは、取るべき行動を教えてくれる能力**なのだ。

自分が何かについて知っているかどうかを知っているからこそ、避けるべきことや検索すべきこと、飛び込むべきかそうでないかがわかる。メタ認知の能力がなかったら、私たちは生きていけない。

人は「直感」でテキパキ判断している
——「ヒューリスティック」とは何か？

メタ認知にとってとりわけ有益な判断材料となるのが、「親近性」「やりやすさ」「流暢性」の感覚だ。人は、知っていることやできることには慣れ親しんだ感覚をもっている。

たとえば、ジョン・ロバートソンという男性を知っているかと尋ねられたとき、あなたの答えが「知っている」「知らない」「知っているかもしれない」のどれになるかは、その名前にどのくらい親近性を覚えるか、つまりはどのくらい聞き覚えがあるかで決まる。

外国のレンタカー会社にマニュアル車しか並んでいなければ、左足でクラッチを操作しながら右手でギアを動かす感覚にどれだけなじみがあるかで、運転の仕方をまだ覚えているかどうかが判断できる。

ただし、親近性による判断はヒューリスティック（経験則や直感による判断）にすぎず、労力をかけずにそれなりの答えを見つける急場しのぎの手段でしかない。

たとえば、自分に買える家の金額を知る手段として有名なものに、「住宅ローンは28パーセント」というヒューリスティックに基づく法則がある。これは、住宅ローンの毎月の支払い額は、税引き前の月収の28パーセントを超えてはいけないという法則だ。**ヒューリスティックは完璧な解決策を保証するものではない。**28パーセントの法則はおおまかな指針でしかなく、特定の家を買えるかどうかや、そもそも家を買えるかどうかは、結局のところ、その他のさまざまな要素で決まる。

メタ認知の判断材料となる親近性や流暢性もそれと同じで、それらは自分が何を知っているかを手順どおりに検証できない場面で、素早く判断を下すために用いられる。泳げるかどうかを確認する必要が生じるたびに、実際に試すことはできない。だから親近性に頼るというわけだ。

ヒューリスティックは役に立つ場合がほとんどだが、混乱を招くおそれもある。たとえば、ムーンウォークの動画を20回観れば、その動きに強い親近性を覚えても不思議はなく、親近性や流暢性を覚えると、ムーンウォークのやり方を知っていると錯覚しかねない。

これと同様に、種を土にまき、肥料と水をやったらおいしそうな野菜が熟すというプロセスはイメージしやすいことから、自分には園芸の才があるという錯覚に陥りかねない。それは認知バイアスを教える大学教授であっても例外ではない。

「錯視」だとわかっているのに錯覚する

流暢性や親近性から生じるヒューリスティックは、そうした混乱を招くことがあるとはいえ、「自分が実際に知っていること」を思い出させてくれるツールとして、とても有益だ。人がヒューリスティックを頼りにするようになったのはおそらく、**メタ認知がもたらすメリットが、ときどき起こる錯覚のデメリットを上回る**からだろう。

少し抽象的な説明になってしまったので、もう少し具体的な話をしよう。

ノーベル経済学賞を授与されたダニエル・カーネマンが著書『ファスト&スロー』（ハヤカワ文庫NF）で行ったように、私も有名な錯視の図を使ってあらためて説明したい。

私たちが目で見ている世界は、眼球の内側で光に敏感に反応する「網膜」と呼ばれる平らな層状の膜に投影される。網膜は平面なので、それを通じて脳が受け取る映像は2Dとなる。

しかし、実際の世界は3Dだ。世界を3Dで知覚するために、脳内の視覚系はさまざまな手がかりを活用する。透視図法と呼ばれる表現技術もそのひとつで、たとえば、次ページの図のように遠くにある一点に向かって収束していく線を描いた表現がそれに相当する。

消失点に向かって収束していく2本の線があれば、脳内の視覚系は自動的に、消失点に近いほうのもの（線A）が手前のもの（線B）より遠くにあると想定する。遠くにあるものは小さく見えるはずなので、透視図法のなかにまったく同じ長さの2本の水平な直線が描かれていると、私たちの視覚系は消失点に近い線のほうが長いはずだと想定する。

実のところ、線Aと線Bはまったく同じ長さなのだが、**Aのほうが長いと視覚系が「思い込む」**のだ。

この現象は、最初に実証してみせたイタリアの心理学者マリオ・ポンゾの名前をとって「ポンゾ錯視」と呼ばれる。定規や指を使えば、AとBの線の長さがまったく同じであると実証できるが、それでもやはり、Aのほうが長く見えるままだろう。

これと同じで、流暢性効果のような認知に生じる錯覚もまた、それが錯覚であると理解したからといって、錯覚から抜け出せるとは限らない。

さらにいえば、「私たちは過信を防ぐために、流暢性や親近性の感覚をつねに割り引いて考えるべきだ」と思うなら、それは「ポンゾ錯視を防ぐため、透視図法は使わずに世界を平面として知覚しよう」というくらいにバカげた提案だ。

錯覚を引き起こすものはどれも、人が無限の可能性を秘めた不確かな世界を突き進んでいけるようになるために、認知システムが適応してきたから生まれた。

当然ながら、ポンゾ錯視を引き起こすシステムが、世界を3Dという構造で知覚させてもくれるのであれば、そのシステムは生かすべきだ。

同様に、たとえ混乱を招くことがあるとしても、流暢性の感覚に頼って「自分がそれを知っているかどうか」を判断できるのであれば、それに越したことはない。

ただし、「錯視」と「過信」に共通するのはここまでだ。

錯視が人に害を及ぼすことはほとんどない。

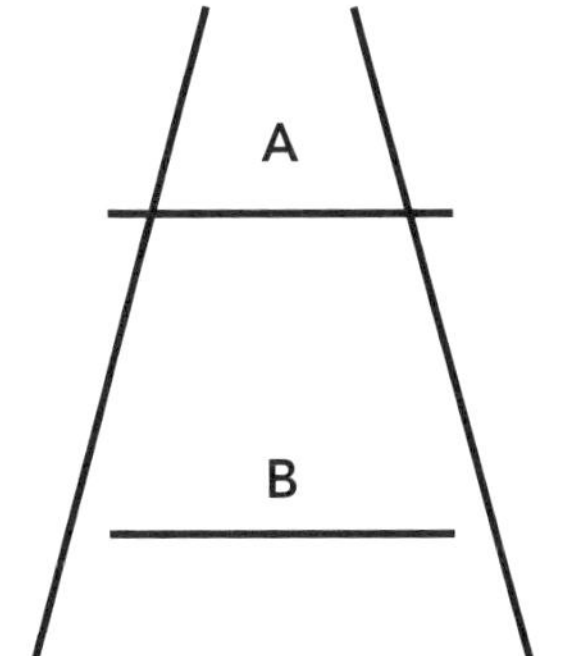

ポンゾ錯視

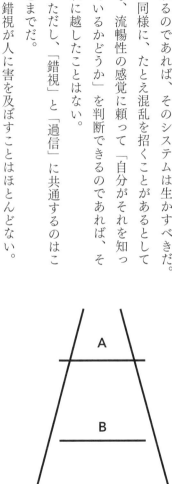

だが、十分な証拠がないなかで過信に陥れば、ハバニーズの外見を一時的に台無しにしたり、青果店で売っているピーマン4つ分の金額の50倍のお金をムダにしたりするどころではない、はるかに深刻な問題を実生活で引き起こすおそれがある。

過信して適切な準備を怠れば、転職の面接で失態をさらすかもしれないし、株の名前から感じ取った流暢性を過剰に評価すれば、老後の資金を失うかもしれない。Qアノンから聞いた話を信用しすぎたばかりに、連邦議会の議事堂を襲撃してしまうかもしれない。

流暢性効果の存在を知り、それが害を及ぼすおそれがあると学習しても、それだけではまだ足りない。

流暢性がもたらす影響は、いわば望まない体重と同じだ。私たちの肉体は、（まっとうな理由から）食べ物を欲するようにできている。

その欲求に対抗するには、食べる量を減らして具体的な対策を有効に活用しようと考えるだけでは十分ではない。

体重を増やしたくないなら、それ以上のことをする必要がある。

ということは、メタ認知の能力に流暢性効果が深く刻み込まれていようとも、その影響から逃れる方法が実際にあるのか？

答えは「イエス」だ。

「ただやってみる」のが最高の対抗策

流暢性効果は認知システムにおける適応のメカニズムから生じるとはいえ、克服する術がないわけではない。

単純に、実際に試したうえで、流暢にいかないとの実感を得るのもひとつの手だ。人前で発表する前に、発表する内容を実際に声に出して読み上げる。恋人の父親を夕食に招待する前に、実際にスフレを焼いてみる。勤め先のパーティーの余興で上司に披露する前に、「オールウェイズ・ラヴ・ユー」を風呂場の鏡の前で実際に歌ってみる、といったことをすればいい。

できるという錯覚を打ち破るのに、他者からのフィードバックは必要ない。**実際にやってみれば、自分で自分にフィードバックすることになる**からだ。

レヴィンソン講堂で前に出て踊った10人のなかに、練習しなくてもKポップダンスの振り付けをうまく踊れるといまだに思っている学生がいるとは、私には思えない。

試してみるなんて当たり前のことではないか、と思うかもしれないが、実際に試す人は意外にもあまり多くない。肉体を使わずとも、頭のなかで思い描けば試したことになると思っている人は少なくないのだ。

Kポップダンスのステップを踏んでいるところや、クライアントにプレゼンをしている場面を想像すると、できるという錯覚が強固になる。頭で行うシミュレーションではすべてがスムーズに進むので、自分を過信する気持ちは強くなる一方だ。

しかしプレゼンは、「発表する内容を一言一句書き記し、舌と声帯を使って声に出して読み上げる」ことで、Kポップダンスは、「腕や足や腰を使ってすべての動作を実際にやってみる」ことで、初めて試したことになる。

このようなリハーサルが重要になるのは、スキルが身についたという錯覚に対してだけではない。人は自分が持つ知識の範囲についても、しょっちゅう過信する。実際に身につけている以上の知識があると思い込むのだ。

その対策として、**自分の知識を書き出すと過信が軽減されうる**、と実証した研究がある。[5]他者からのフィードバックがなくても軽減するという。

その研究ではまず、実験の参加者に、トイレ、ミシン、ヘリコプターなどが動く仕組みに関する知識がどのくらいあるかを自己評価させた。7点満点で、1は「まったく知らない」、7は「完全に知っている」だ。あなたなら、トイレやミシンやヘリコプターが動く仕組みに関する知識がどのくらいあると評価するだろうか？

この3つはどれも、誰もがよく知っていて、各パーツがスムーズに動いているところを見たことがあるものだ。ゼロから組み立てることはできないにしても、どのように動き、何をするかはなんとなく知っている。少なくとも、トイレが流れる仕組みはわかるはずだ。

実験の参加者がつけた自己評価の平均は、真ん中の4前後となった。この数ではあまり過信しているようには見えないかもしれないが、実際には過信しており、その過信は流暢性による錯覚によって引き起こされたものだ。

あなた自身でも確かめてもらいたいので、ヘリコプターに対象を絞り、それが実際に動く仕組みを順を追って書き出すか、口頭で説明してみてほしい。そのうえで、自分の知識のレベルを自己評価しよう。実験の参加者がこれと同じ指示を受けると、ほとんどの人が非常にあやふやになった。知っていると思ったことをいざ説明しようとしたとたん、**自分は自分で思っていたよりはるかに何も知らないと気づかされた**のだ。

実験の参加者と同じことをしたい人は、さらに「ホバリング状態のヘリコプターはどのようにして前進に切り替わるか？」といった質問に答えてみるといい。実験の参加者たちは、質問されるたびにどんどん謙虚になっていった。

「知識の穴」を知るには？

こういった真偽の確認は、あいにく仕事の面接試験の最中に行われることがある。「なぜこの仕事に応募したのですか？」や「あなたの強みと弱みは何ですか？」は、面接官が応募者に尋ねる質問の典型だ。

こういう質問なら、何と答えればいいかはわかる。

仮に、面接官から「あなたの強みは何ですか？」と尋ねられたとしよう。あなたは大喜びだ。「整理し、まとめる力です」との答えが用意してある。

ところが、面接官はさらに詳しく探ろうと、「具体例をあげてもらえますか？」と尋ねてくる。そのとたん、あなたの脳は硬直し、キッチンでスパイスの瓶をアルファベット順に並べたことしか思い浮かばない。それを例にあげると、「それがこの仕事にどう生きるのですか？」といった質問を投げかけられ、あなたは悟る。それを確かめられる機会は訪れないのだろう、と。

面接の練習として、想定問答の答えを実際に口に出す練習は欠かせない。それにより、**自分の回答を客観視できるようになる**からだ。

また、回答を書き出した場合でも、それを他人の答えだと思って、自分が面接官ならこの回答をした人物を採用するだろうかと検討することができる。

あるいは、質問に答えている自分を録画してもいい。撮影された自分の姿を見るのが耐え難い苦痛であることは百も承知だが、それで決定権を持つ人の前で上手に受け答えができるようになるのなら、そのほうがはるかにいい。

過信が減ると、「プレゼンを行うスキルや面接で受け答えするスキルが向上し、パーティーで恥をかかないようになる」といった個人的なメリットが生まれるばかりか、社会全体のためにもなる。ある研究では、政治的な過激思想の減少を招く可能性が示唆《しさ》された[6]。

ほとんどの人は、中絶、福祉、気候変動といったさまざまな社会問題に対して確固たる意見を持っている。だが残念ながら、**説明を強いられない限り、そうした社会問題について自分はほとんど理解していないと気づけない**ようだ。

その研究では、実験の参加者にさまざまな政策に対する見解を尋ねた。その対象は、イランの核開発に対する一方的な制裁、年金給付年齢の引き上げ、炭素排出に関するキャップ&トレード制度の確立、国税への一律課税の導入など多岐にわたり、それぞれの問題に対する姿勢を表明するよう求めた。そして、それぞれの政策がもたらす影響の理解度を自己評価させた。

その後、先ほど紹介したヘリコプターなどについて尋ねた実験と同じく、政策がもたらす影響を書き出すことも参加者に求めた。そのうえで、各政策の理解度をもう一度自己評価させた。

すると、こちらの実験でも参加者の自信は下がった。知っていることを書いて説明させるだけで、自分の理解の浅さを自覚させることができたのだ。

ここまでは、ヘリコプターの実験と同様の結果が見て取れる。

しかしながら、実験の最終パートに注目してもらいたい。こちらの実験では最後に、各政策に対する見解をもう一度尋ねている。その結果、参加者の過信が軽減されると、政策に対して示す姿勢も、最初に比べて謙虚になると判明した。知っているという錯覚が打ち砕かれると、強気の姿勢は鳴りを潜めるようだ。

参加者が謙虚な姿勢になったのは、反論されたからではないという点は、あらためて強調しておきたい。**少し説明を求めるだけで、人は謙虚になる**のだ。

それを思うと、意見が異なる人と対話を持つことが、社会にとっていかに重要かがよくわかる。人は同じ意見を持つ人どうしで固まりやすい。だが、その集団のなかにとどまり続けていれば、自分が支持する政策がもたらす影響について話す機会は生まれない。「みんなもう知っている」と思い込むからだ。
反対の立場の人に、その政策がもたらす影響を説明することになって初めて、自分の知識の穴や論理の欠陥を自覚し、それらを修正できるようになるのだ。

いつもあなたの「計画」は甘すぎる
——「計画錯誤」とは何か？

残念ながら、実際に試したり、知識を言葉で表したりするだけでは過信が減らないケースも多々ある。そうした現状を理解するうえで、考慮に入れなければならないのが「計画錯誤」だ。

何かを完了させるのに必要となる時間と労力は、少なく見積もられることが多い。締め切りに遅れる、予算を超過する、やり遂げる前にエネルギーが尽きる、といったことが頻繁に起こるのはそのためだ。

そうした「計画錯誤」が生じた悪名高き例として有名なのが、オーストラリアのシドニーオペラハウスの建設だ。当初は700万ドルの予算が組まれていたが、最終的には規模が小さくなったうえに費用は1億200万ドルかかり、完成までにかかった時間は当初の見積もりより10年延びた。

アメリカのデンバー国際空港の建設では、当初の見積もりより費用が20億ドル以上膨らみ、完成まで16か月長くかかった。

また、ニューイングランド地方に暮らす者としては、高速道路の地下化を目指したボストンのビッグ・ディグ事業に触れないわけにはいかない。こちらは当初の予算を190億ドル超過し、完成が10年遅れた。

計画錯誤が生じるのは建設プロジェクトに限った話ではない。

IT関連の調査とアドバイスを提供するスタンディッシュ・グループは、さまざまなプロジェクトに関するレポートを作成している。

ITを専門とする人たちならば、過去のデータから未来に関する予測を正確にはじき出す方法を知っているはずだ、と思う人は多いだろう。

だが同社によると、2011〜2015年にアメリカで実施され、成功したITプロジェクトの割合は（成功の定義は「当初の予算と予定期間内に必要な機能をすべて完成させること」）、29〜31パーセント程度だという。

プロジェクトの半数は、締め切りに遅れるか、予算を超過するか、必要な機能のいくつかを完成させられなかったかのいずれかに該当し、プロジェクトの17〜22パーセントは単純に頓挫《とんざ》して、改善に向かう兆しも見られなかった。

タスクを「分解」すれば、現実に気づける

計画錯誤が生じる原因はいくつかある。そのうちのひとつが「希望的観測」だ。人は自分が携わるプロジェクトに関しては、遅れずに、なるべくなら早めに完了し、あまりお金がかかりませんようにと願う。**こうした願望が、計画の立案や予算の編成に反映されてしまう**のだ。

それから、計画錯誤は過信の一種であるといっても過言ではなく、流暢性による錯覚から生じるという点もしっかりと覚えておいてほしい。

プロジェクトの進行計画を立てようとすると、「どう進めるべきか」という点に気を取られ、成功させるうえで必要になることにしか意識が向かなくなる。プロジェクトがたどるべき過程を頭に思い描き、想像ですべてが順調に進めば、過信が生まれてしまう。

計画錯誤について調べた研究に、まさにそうして過信が生まれることを明らかにし、過信を避けたい人が「やってはいけないこと」を教えてくれるものがある。[7]

その研究に協力した参加者は、「クリスマスプレゼントの買い物が完了するまでにどれくらい時間がかかるか」を見積もるよう指示された。すると、平均して12月20日までに完了するとの答えになった。しかし、これは計画錯誤による幻想にすぎなかった。実際に買い物が完了した日を平均すると、22日か23日までかかった。

計画錯誤に陥らないようにするには、具体的に綿密な計画を立てればいいのではないか。

そこで次のグループには、クリスマスプレゼントを買うにあたっての計画を詳細に書き出してもらった。たとえば、プレゼントを渡す家族の名前をリストアップし、それぞれのプレゼント候補になりそうなものを書き出す。あるいは、何日にどのショッピングモールに行き、リストアップした家族の誰宛てのプレゼントとしてどういうものを探すかを計画する、という具合だ。

こうして立てられた計画は、どれも難なく実行できそうなものだった。

ということは、買い物にかかる時間を見積もる精度は向上したのか？

結果は、最初に紹介した参加者グループに比べて、こちらのグループの計画錯誤はさらにひどかった。クリスマスの7日半前、つまりは最初のグループより3日早く買い物を終えていると予測したにもかかわらず、彼らもやはり、平均して22日か23日までかかったのだ。

順を追って計画を立てたことで、なぜ計画錯誤が悪化したのか？ それは、**計画を立てたことによって、難なくスムーズに買い物ができるとの錯覚が生じた**からだ。

映画『プリティ・ウーマン』のジュリア・ロバーツのように、半日もかけずにサイズもデザインも完璧なドレスを大量に購入したり、巨大なショッピングバッグふたつ分の買い物を終えても、メイクはまったく崩れないまま軽々とバッグを肩にかけて通りを歩いたりできると錯覚してしまったのだ。

だからといって、「順を追って計画を立てるな」と言いたいわけではない。ひとつのタスクを取り組みやすいまとまりに分解し、よく考えたうえでまとまりごとに締め切りを設けることは、計画策定に欠かせない作業だ。クリスマスプレゼントの買い物以上に複雑なタスクとなれば、その重要性はさらに増す。

先ほどとは別の研究によると、**ひとつのタスクを複数の小タスクに分解すると、計画錯誤が軽減される**という。タスクの詳細を紐解くと、想像していたほど簡単ではないと思い知らされるのだろう。

ただし、それでも流暢にできるという錯覚が生まれる可能性はある。この錯覚が生じれば、自分の思いどおりになるという感覚が強まり、計画錯誤を助長するおそれがあるという点は注意してもらいたい。

見積もりより「50パーセント」多く時間を確保する

そういう錯覚に対抗するにはどうすればいいのか？

先ほど、流暢性が原因で生じる過信を軽減させたいなら、実際に試してみればいいと述べた。

だが、計画錯誤を克服する場合は、当然といえば当然だが、実際に試す前に計画を立てることが求められる。なにしろ、クリスマスプレゼントの買い物やオペラハウスの建設はリハーサルができない。

とはいえ、できることはある。**頭でシミュレーションするときに、計画遂行の障害となり得るものを思い浮かべて流暢性に淀みを生じさせる**のだ。

思い浮かべるべき障害は2種類あり、すぐに浮かびやすいものとそうでないものがある。

計画を立てる対象となるタスクと直接的に関係のある障害は、比較的思い浮かびやすい。

クリスマスプレゼントの買い物が対象なら、クリスマスを控えた週末は交通渋滞が発生すると考えられるし、祖母へのプレゼントにぴったりだと考えていたヒョウ柄のカシミアのカーディガンは、売り切れる心配がある。タスクに関係するこのような障害は、計画を立てるときに思い浮かびやすい。

その一方で、買い物に無関係な障害、たとえば風邪で寝込む、飼い猫が迷子になる、給湯器が水漏れを起こす、息子が足首を痛める、といったことは見過ごされやすい。

そういう思いがけなく発生する不測の事態は、単純に「起こる可能性のあることが多すぎる」という理由から、計画に組み込むのは難しい。それに、たとえ前年にクリスマスプレゼントの買い物をした週に息子が足首を痛め、病院の救急処置室で丸一日待機させられたことを覚えていたとしても、今年も同じことが起きるとは考えにくい。

いずれにせよ、不測の事態は未知のものだ。人生について確実にわかることをひとつあげるとすれば、「人生ではつねに何かが起こる」ということだ。ただし、それが何かはわからない。

私の不測の事態への備えはシンプルだ。その備えに科学的な根拠はないが、これまでに何度も計画錯誤に陥った個人的な経験を通じて編み出した。具体的にいうと、**私はつねに、最初の見積もりより50パーセント多い時間を確保している。**

たとえば、2日あれば原稿を確認できると思っても、担当者には、3日以内に確認して返すと告げる。私はこの作戦でおおむね乗り切れている。

本能に「楽観主義」が組み込まれている

流暢性の影響を避ける方法を検討するだけでなく、影響を悪化させうるものについても知っておくと役に立つ。そのひとつが「楽観主義」だ。

楽観主義はいわば流暢性効果にとってのエンジンオイルのようなもので、何もかもうまく進みそうだという気持ちをよりいっそう強くさせる。人は楽観的な気持ちになると、失敗の可能性や障害となりうるものに目をつぶってしまうのだ。

とはいえ一般に、楽観的になるのはいいことだ。楽観的になると、ストレスが軽減されて幸福感が高まりやすい。幸福を感じてストレスが軽くなれば、心身どちらの健康状態も改善する。おそらく、**そのおかげで楽観主義者は長生きなのだ。**

楽観的な姿勢は健康にいいだけではない。私たちが生き延びるうえで不可欠な要素でもある。人はみないずれ死ぬ。これは周知の事実だ。それゆえ未来に対して楽観的な気持ちが多少なりともなかったら、何のやる気も見出せなくなる。

それから、楽観主義は競合状態にあるときに、とりわけ有利に働くという意見もある。

たとえば、トムとジェリーは仕事上のライバルで、いつも同じ建設プロジェクトに入札しているとしよう。ジェリーの会社はトムの会社よりかなり小さく、ジェリーはほぼ毎回、入札金額でトムに負ける。そんな状態にあって、ジェリーが楽観的にならなければ、彼はあきらめるしかない。だが楽観的になれば、少なくともトムが興味を示さないプロジェクトなら、自分の努力で勝ち取れると考えるようになる。

こうしたことを踏まえると、**私たちには楽観的な姿勢がある程度組み込まれている**可能性が高い。これについては、鳥やラットなどの実験で実証されている。[8]

たとえばホシムクドリに、「2秒の長さの音が聞こえたときは、赤いレバーをつつけば餌がもらえ、10秒の長さの音が聞こえたときは、緑のレバーをつつけば餌がもらえる」と学習させた実験がある。

違う組み合わせでレバーをつついても、餌は一切もらえない。

さらに、赤いレバーの条件を、緑のレバーよりよいものにした。赤いレバーをつつくと餌はすぐに出るが、緑のレバーをつついたときは、餌が出るまで少し間があくようにしたのだ。

食べ物が出てくるのを待たされれば、誰だっていい気はしない。こうして餌に付随する条件を学習させたホシムクドリに対し（あんな小さな鳥がこれほどのことを学習できるなんて、本当に驚きだ！）、調査員はイジワルな実験を試みた。6秒という中途半端な長さの音を流したのだ。

ホシムクドリははたして、赤と緑、どちらのレバーをつつくのか？ **鳥たちは楽観的だった**。中途半端な長さの音が流れると、条件のよい赤いレバーのほうをつついた。

「過去のパターン」を当てはめる

楽観的な姿勢はほとんどの人にとっての通常モードなので、それが流暢性効果を悪化させ、結果的に人を「根拠なき楽観主義」に導いてしまうことも多い。

現実的な楽観主義であれば、「コップに（半分は空でも）半分は入っている」や「いまはトンネルにいるが、その先には光が見える」といった発想につながる。だが根拠なき楽観主義に陥ると、コップの半分は空であることや、自分がトンネルのなかにいることすら否定する。

過去に生じた根拠なき楽観主義の具体例は、みなさんの記憶にまだ鮮明に残っているはずだ。新型コロナウイルスがアメリカで確認されてからの最初の数週間、蔓延を防ぐ方法が国家レベルで確立されていなかったときの人々の反応がそうだ。

アメリカでは、春になって日照時間が増え、気温が上昇すれば、このウイルスは魔法のように消滅すると信じた人々がいた。ロックダウンや隔離が実施され、コンサート鑑賞や旅行、レストランでの食事ができない日々が1年以上続く世界は想像できなくても、インフルエンザが流行する季節の後にいつもの4月が訪れる世界なら想像できた。そのせいで、多くの人が根拠なき楽観主義に陥ったのだ。これを防ぐことは可能だったのか？

根拠なき楽観主義を効果的に抑止するとして知られる方法がひとつある。それは、**過去に起きたよく似た事案を思い返し、そこから得られる教訓を真摯に受け止め、現状に当てはめる**というものだ。よく似た体験を「思い返すだけ」でも大いに役立つが、それだけではまだ十分ではない。

よく似た事案に注意を向けても、人は「今回のケースは違う」「前回学んだから、同じことはもう起こらない」などと自分に言い聞かせたがるからだ。

新型コロナウイルスに対処することになった当初、1918年に起きた、スペイン風邪のパンデミックを引き合いに出す人が大勢いたが、そのパンデミックから得た教訓はあっさりと無視された。「いまの医療知識は当時とは比べものにならないほど向上しているし、そもそもまったく異なるウイルスの話だ」と言って簡単に切り捨てたのだ。

中国で起きていることを情報として知ってもなお、自分たちは影響を受けないといわんばかりにウイルスのことを「チャイニーズ・ウイルス」などと呼び、アメリカは違うと思おうとした。

こうしたことから、よく似た事案を思い起こすだけでは十分ではない理由がはっきりと見て取れる。思い起こしたところで、「今回のケースが前回とは違う理由」にフォーカスしては意味がないのだ。「現在起きていることは過去に起きたことと同じだ」と想定し、それに従って計画と予測を立てたほうがいい。

新型コロナウイルスに関していうなら、このウイルスはニューヨークやロサンゼルスなどどこであろうと、武漢と同じように広がると想定すべきだった。データ主体で立てる予測は、直感や願望に基づく予測よりもはるかに精度が高い。

家を「リフォーム」するときはこうしなさい

この章の総括として、最後に、私の自宅をリフォームする計画について話したい。**この章で語ったことを適用すると、リフォーム計画がどうよくなるか**を見ていこう。

私の家は約１００年前に建てられたものだが、古い家ならではのよさは何ひとつない。

たんに立地がよかったから購入した。

窓の半分は、開いた状態を維持できないか、そもそも開かない。ふたつあるうちの新しいほうの浴室は1960年代仕様（プラスチックの浴槽とリノリウムの床）で、おしゃれなシャワーカーテンを吊るすこともバスタオルを収納することもできない。外壁が暴風に襲われると、その一部が剝《は》がれ落ち、庭のマルチング材に早変わりする。

とはいえ、新型コロナウイルスの世界的流行のせいで1年半以上にわたって家にこもっていたあいだ、私がもっとも腹立たしく思っていたことは別にある。

リビングをまったく無意味に二分割している腰壁だ。この壁は撤去することに決めた。

そうはいっても、私も夫も家の維持管理のことはよくわからない。

25年前に二人で初めて家を買ったときは、その家の持ち主に、雨が降ったら両開きの窓はどうすればいいのかと尋ねた。素敵な木の枠が雨で傷むのではないかと心配になったのだ。家主はその家を建てた人で、「閉めるんです」と答えつつ、私たちに家を売ることに不安そうな顔を見せた。

とはいえ、この章で語ってきたことを踏まえると、家のリフォームに対して自信がないことは、リフォームをするにあたって大きなメリットとなる。

リビングの腰壁を撤去するというと、ハンマーで壊せばすむ話のように思えるかもしれないが、それもまた流暢性がもたらす錯覚で、実際にそんなことをすれば、2階の寝室の床にまで影響があるかもしれない。

私は新しいほうの浴室のリフォーム用に、あるミニマリストのデザインに目をつけた。そのデザインの再現はそれほど難しそうには見えなかった。ミニマリズムはシンプルを意味する言葉なのだから当然だ。

しかし、**業者が出す見積もりより50パーセント多くの時間と予算を確保しておく**ことを推奨するリフォームの専門家が多いので、そのとおりにすると決めた。

それから、窓を交換するとなれば、水による損傷、カビ、蜂の巣をはじめ、わが家に存在すると信じたくないものが実際には存在していると業者から指摘されるおそれがあるので、そういうものに対して心理的かつ経済的に備えておく必要もある。

私は前回のリフォームのときに、作業員をあまり長く一人きりにしてはいけないと学んだ。一人になった作業員に、独創的な修正を勝手に加えられたからだ。今度のリフォームでは、作業員を一人にする時間はほぼつくらないつもりだ。

わが家のリフォームが、『アーキテクチュラル・ダイジェスト』誌のページをめくるように簡単にいくとは思わない。だが、どんなトンネルも、その先には必ず光が見える。

Chapter

02

「確証バイアス」で思い込む

賢い人が自信満々にずれていく

ある日の夕方、私が研究室で仕事をしていると、ビスマ（仮名）から電話がかかってきた。ビスマは私のかつての教え子で、「シンキング」を受講した学生のなかでもひときわ優秀だった。

電話口ではずいぶんと取り乱している様子だったが、私は彼女がそう簡単に取り乱すタイプではないと知っているので、仕事の手を止めて話に耳を傾けた。

ビスマは、ある医師の診察を初めて受けてきたところだと話し始めた。

彼女は高校生のときから謎の体調不良に苦しめられていた。食べ物を胃にとどめておくことができないのだ。

その症状は朝に顕著で、吐き気がひどすぎて倒れることもあった。そのため、彼女はとても痩せていた。病院で検査し、もっとも疑いの強かったセリアック病、潰瘍《かいよう》、胃がんのどれでもないことは判明したが、原因はわからなかった。

今回、その初めての医師の診察を受けたのは、ネパールとヨルダンでの学期《ターム》留学に出発する前に、吐き気を抑える薬の処方箋を新たに出してもらう必要があったからだという。

医師は、症状を説明するビスマの話に丁寧に耳を傾けていた。そして、彼女にこう尋ねた。

「あなたは好きで吐いているんですか？」

医師が拒食症を疑っていることは明白だった。そういう疑いをかけられたことにビスマは意表を突かれ、その後に続いた会話を正確には覚えていなかったが、およそ次のような感じだったらしい。

ビスマ：いいえ、好きで吐いているのではありません。

医師（「自分では自分の問題がわからないのだろう」と思いながら）：では、食べることは楽しいですか？

ビスマ（慢性的な消化トラブルに苦しみながら食事を楽しめる人間がいるはずないだろうと思いながら）：いいえ。

医師（「やはりそうか。さあ、核心に迫っていくぞ」と思いながら）：死にたいと思うことは？

ビスマ：ありません！

この時点で、ビスマは怒りのあまり診察室を出ていった。

そんな彼女の反応を、医師はヒステリーによる拒絶だと解釈した。

自分の診断は正しかったとさらに確信を強め、ビスマが診察室から飛び出したのは、自分が抱える問題から逃げ出したかったからだと思い込んだ。そして彼女を追いかけて待合室で見つけると、ほかの患者がいる前で彼女に向かって叫んだ。

「診察室に戻りなさい！　あなたは深刻な病気なんですよ！」

ビスマはそれを無視して車に駆け込み、私に電話をかけてきたのだ。

ビスマはターム留学に参加したが、パンデミックのせいで学期の途中で中止になった。

海外に滞在していた2か月のあいだ、彼女から不調の症状は消えていた。

吐き気と体重減少に襲われていた原因について、はっきりしたことはわからないが、ビスマはいまはこう考えている。アメリカで食べていた何かに対してアレルギーがあり、その何かから離れて暮らしていたあいだだけ、症状が治まっていたのではないか。

いずれにせよ、これだけははっきりしている。ビスマが拒食症に苦しんでいたことは一度もない。

もっとも、いまでこそ拒食症という診断は間違いだったとわかるが、**医師がその診断が正しいと強く確信した理由もよくわかる**。

ビスマはひどく痩せていて、彼女が訴える症状が表れる拒食症以外の主な病気には該当しないとすでに判明していた。さらに、彼女は食べることは楽しくないと答え、心理的な問題を抱えている可能性に対し、尋常ではなく強い否定の態度を示した。

とはいえこの医師の問題は、そこで、「自らの疑いを確かめるための質問」しか投げかけなかったことにある。医師の聞き方は、どんな答えが返ってきても自説が覆らない聞き方だったのだ。

「自分が正しい」と思える証拠ばかり集めてしまう

これから3つの数字を提示する。その順序に隠されたシンプルな法則を見つけてもらいたい。

法則はあくまでも数字の順序、つまりは3つの数字の関係を表すものとなる。

どうやって法則を見つけるかというと、自分で考えた3つの数字を出題者に伝えるのだ。すると出題者が、その並びが法則に当てはまるかどうかを答える。この確認は何回行ってもよい。

そうして法則がわかったと確信したら回答する。すると、出題者はそれが正解かどうかを発表する。

それでは始めよう。

法則に当てはまる3つの数字の並びは「2、4、6」だ。

さて、どんな3つの数字の並びを試すだろう。

この問題を出題したときに起こる典型的な例を紹介しよう。マイケルという名の学生にこの問題を出題したとする。マイケルは「4、6、8」と言い、私はその並びは法則に当てはまると答える。すると、マイケルは法則がわかったと思い込み、「簡単すぎですよ」と言い、「法則は、2ずつ増えていく偶数です」と答える。

だが、私は彼に不正解だと告げる。

マイケルは自説を振り返り、「ならば、偶数に限らず、2ずつ増えていく数字が答えではないか」と考える。この説に満足し、「3、5、7」の並びを伝え、法則に当てはまるはずだと期待する。実際、私の回答は「当てはまる」だ。マイケルはさらに念を入れ、「13、15、17」の並びも問いかけ、これも法則に当てはまる。

すると彼は意気揚々と、「2ずつ増えていく数字!」と回答する。

だが私は、**その答えも違う**と告げる。

マイケルはSAT(大学進学適正試験)の数学で満点を獲得しており、正解を出せないことに彼のプライドは激しく傷ついている。そして再度チャレンジする。

マイケル:−9、−7、−5。

私:当てはまります。

マイケル：なるほど。では、１００４、１００６、１００８は？

私：当てはまります。

マイケル：えっ。本当に「２ずつ増えていく数字」じゃないんですか？

マイケルがしたことは、ピーター・Ｃ・ウェイソンの有名な「２－４－６課題」に挑むほとんどの人と同じだ。マイケルは自説を確かめるにあたり、**自説が正しいと証明する証拠ばかりを集めている**のだ。

自説を裏付ける証拠となるデータはたしかに必要だが、それだけでは十分ではない。その仮説の反証も試みる必要がある。

「最初の考え」に固執しているから間違える

それでは、法則に当てはまった数字の並びを使い、具体的に何をすればいいのか見ていこう。これまでに登場した数字の並びは以下のとおりだ。

２、４、６

4、6、8
3、5、7
13、15、17
−9、−7、−5
1004、1006、1008

いずれの並びにも当てはまる法則は、はっきりいって無限にある。「桁の数が同じで、2ずつ増えていく数字」「2ずつ増えていく−10より大きい数字」「2ずつ増えていく−11より大きい数字」……このように、挙げていけばきりがない。

すべての仮説を検証することはできないが、いずれの数字の並びにも当てはまる法則の候補がたくさんあるときに、**真っ先に頭に浮かんだ仮説に固執していては、この問題の正解はいつまでたっても見つからない。**

マイケルもそのことに思い至り、別の法則を探り始める。

「同じ数だけ増えていく数字」はどうか。最初の仮説が当てはまらないことを証明しながら新たな仮説を検証すべく、今度は「3、6、9」という並びを提示する。私は「当てはまる」と答える。

マイケル：わかりました。では、4、8、12はどうです？
私：当てはまります。
マイケル（バカではないといわんばかりに大げさな方程式を持ち出して）：わかりました。答えは、任意の数字xに定数kを加える「x＋k」ですね。
私：違います。

こちらの仮説に関しても、マイケルは反証を試みるべきだった。苛立ちが募るなか、彼は適当に3つの数字を並べる。

「では、4、12、13はどうです？」とマイケル。

私は笑顔で「イエス」と告げる。その並びは法則に当てはまる。

「はあっ？」

これこそがマイケルに必要な確認だった。**この瞬間、彼が試していた仮説が打ち破られたのだ。**しばらく熟考したのち、マイケルは「5、4、3は？」と尋ねる。

私は否定の意味で首を振る。この並びは法則に当てはまらない。

今度はかなり謙虚な様子で、マイケルが恐る恐る回答を口にする。

「もしかして、前の数字より大きい数字であれば何でもいいんですか？」
ようやく私は答える。「はい、正解です」

人は論理的でも合理的でもない
――「確証バイアス」とは何か？

ピーター・C・ウェイソンは英国の認知心理学者で、ユニバーシティ・カレッジ・ロンドンで研究を行っていた。いまや有名となったこの「2－4－6課題」を1960年に考案し、自ら「確証バイアス」と名づけたバイアスの存在を初めて実験的に証明した。

確証バイアスとは、人が「**自分が信じているものの裏付けを得ようとする**」傾向のことを指す。

その当時、論理的思考について研究していた心理学者は、ほぼ全員が人間は論理的で合理的だと仮定していた。ウェイソンはその共通認識に反証してみせたのだ。

ウェイソンが初めて2－4－6課題を出題したとき[1]、一度も間違えずに最初の回答で正解の法則を見つけた人は、全体のわずか5分の1ほどだった。

こんなにも単純な課題の正解がわからない人の多さに彼はショックを受け、この実験の構造に何か問題があるのではないかと考え、それを修正する道を探った。

そしてハーバード大学で同じ課題を出題したときは、回答は一度しかできないと参加者に告げた。そうすれば早合点を防げると期待したのだ。だが**それでも、不正解の回答をした参加者は73パーセントにのぼった。**

なかには、「自分の法則が間違っているはずがない」とか、「法則とは相対的なものだ。もし私が実験者で、あなたが被験者であれば私の法則が正しいことになる」などと主張して、間違いを認めない参加者もいた。また、実験中に一度も回答することなく、精神疾患の症状が現れて（理由はわからないが）、救急車で病院に運ばれた参加者すらいた。

それから、目をみはるような法則を考案した参加者もいた。

「最初が2番目の数字から2を引いた数で、3番目が2番目より大きい数となる並び、もしくは、3番目が2番目の数字に2を加えた数で、最初が2番目より小さい数となる並びのいずれか」と発表した参加者は、50分かけてこの法則を組み立てた末に降参した。

それでは、2―4―6課題を念頭に置いたうえで、ビスマと医師とのやりとりを振り返ってみよう。

医師はビスマを拒食症と診断し、その診断の裏付けとなるような質問しかしなかった。

その結果、**医師が手にした証拠はすべて、彼の診断を下支えするものとなってしまった**——若い女性がしょっちゅうもどし、ひどく痩せていて、食事を楽しいと思わず、精神的な問題について問われると過剰に反応する。

だが、2－4－6課題がそうであるように、医師が手にしたこれらの証拠と合致する説明は、ほかにも無限にある。たとえば、「ビスマの吐き気は希少な病のせいかもしれず、彼女は原因を突き止められない医師たちにうんざりさせられてきた」と考えることもできるのに、医師はその可能性を確かめようともしなかった。

それを確かめるには、「まわりから痩せていると言われると、『違う、自分は太っている』と感じますか?」とか、「お腹がいっぱいになったら、自分から吐こうとしますか?」と聞くだけでよかったはずだ。

ビスマはどちらの質問にも喜んで「いいえ」と答えただろうから、最初の診断に疑念が生まれていただろう。

「エビアン」を飲んだら若返る?

ときには、もっともらしい証拠を提示して、意図的に世間を誤解に導くケースがある。

2004年に英国で展開された、エビアンの広告がいい例だ。

その広告は、自転車で巧みに局部を隠した美しい裸の女性の写真で、輝く肌が見事に強調されている。そして写真の下部には、「見せびらかしたくなる肌を手に入れよう。エビアンのピュアナチュラルミネラルウォーターを毎日1リットル飲んでいる人の79パーセントが、肌が滑らかでみずみずしくなり、見た目が若返ったと実感しています」と記されている。

実に説得力のある言葉だ。

とはいえ、水着になる夏に備えてエビアンを箱買いする前に、2―4―6課題を思い出してほしい。2―4―6課題の答えは、挑戦者たちが想定した仮説よりはるかに幅の広い法則だった。複雑な方程式ではなく、前の数字より大きい数字が並ぶだけのものだった。

エビアンの広告に記されている文言もこれと同じで、**どんな水でも毎日1リットル飲めば、肌は輝きを増し、若々しくなったと実感するということなのかもしれない。**飲む水が、ポーランド・スプリングやフィジーウォーター、いや、そういう水よりはるかに安い水道水でも、結果は変わらないのかもしれない。

広告を見たときにそんな可能性を考えない人は、確証バイアスの餌食になり、「若く見られるにはエビアンを飲むしかない」と信じ込まされてしまう。

ドアが閉じたのは「閉ボタン」を押したおかげ？

2－4－6課題を思い出してほしい状況をもうひとつ紹介しよう。

それは、エレベーターの扉を閉じるボタンを押すときだ。

経験がある人は多いと思うが、遅刻しそうなときに限らず、単純に閉まるのが遅くてイライラしただけで、扉が閉まるまで閉ボタンを連打したことはないだろうか。

あなたが私と同じタイプなら、扉が閉じたら一息ついて、待ち時間を数秒短くできたと思って悦に入っているはずだ。

だが、**閉ボタンを押したから扉が閉まったと、どうすれば確かめられるのか？**

閉ボタンを押したら扉が閉まったのだから間違いない、と言いたいかもしれない。

だがご存じのように、エレベーターの扉は閉ボタンを押さなくても、タイマーで自動的に閉じる。タイマーで閉じたのか、ボタンを押したから閉じたのか、その違いはどうやって判別できるのか？

実は「障害を持つアメリカ人法」の制定以降、アメリカのエレベーターの扉は、松葉杖や車椅子を使う人が余裕をもって乗り込める時間だけ開いた状態を保たなければならない。

業界団体であるナショナル・エレベーター・インダストリーの事務局長を務めるカレン・ペナフィエルによると、いくら閉ボタンを押しても、所定の待ち時間が過ぎるまではドアは閉まらないという。

つまりこれからは、確証バイアスの罠をひたすらじっと意識しながら、エレベーターの扉が閉まるのをのんびり待てばいいということだ。

「モンスタースプレー」でお化けを退治する

ずいぶん昔の話になるが、私は確証バイアスを利用して息子をなだめたことがある。息子が5歳のとき、夫がイェール大学の寄宿制カレッジの責任者《ヘッド》に就任した。ハリー・ポッターの世界でいう、グリフィンドールやスリザリンのような場所だ。

私たちは一家でバークレー・カレッジのヘッド用の住居に引っ越した。

その大きくて立派な邸宅は、ヘッドとその家族が暮らすだけでなく、学生のためのさまざまなイベントが催される場でもあった。

建物や装飾は、いかにもイェールらしい。古めかしくて色味は暗く、ゴシック様式の建物のなかには無表情の肖像画がたくさん飾られている。まさにホグワーツ魔法魔術学校のイメージだ。

ハロウィーンが近づくと、建物は学生たちの手によってパーティー仕様に装飾され、お化け屋敷となった。どこを見ても、蜘蛛《くも》の巣、棺桶、頭蓋骨など、お化け屋敷を連想させるものが目に入る。それらがあまりにもリアルだったので、息子は本気でおびえ、前に住んでいた家に戻りたいと言い出した。

そこで私はスプレーボトルに水を入れたものを用意し、これはお化けを退治するモンスタースプレーだと説明した。そして二人で建物内のすべての部屋をまわり、息子にスプレーさせた。以来、お化けは一度も出ていない。

なぜ賢明な人たちが「瀉血」をしていたのか？

場合によっては、何年、何十年、いや何世紀にもわたって、特定の集団に属する人々全体が確証バイアスにとらわれることがある。

その例としてよく用いられるのが「瀉血《しやけつ》」だ。

古代から19世紀後半にかけて、西洋では病人から「悪い血」を抜けば病気は治ると信じられていた。ジョージ・ワシントンは喉の感染症の治療として1・7リットルの血を抜かれ、そのせいで亡くなったといわれている。ワインボトル2本分の血を抜かれたのだ！

賢明な私たちの先祖が2000年以上にわたり、生存に不可欠なものを体内から抜くことを有益だと信じていたのはなぜか？

ワシントンが生まれた時代ではすでに地球は丸いと考えられるようになっていたし、アイザック・ニュートン卿によって運動の3法則も見出されていたというのに、瀉血は優れた治療とみなされたままだった。

とはいえ、**現代に暮らす私たちが当時の状況に置かれても、結果はあまり変わらないかもしれない。**

1850年にタイムスリップして、背中の痛みに苦しむ自分を想像してみてほしい。

そして、ジョージ4世が1820年に約4リットルの血を抜き、そこから10年生きながらえたという話を耳にする。不眠に悩む隣人から、瀉血したら眠れるようになったと聞かされる。さらには、「病気になって瀉血する人の約4分の3が治る」というのが通説となっている（この数字は私の創作だ）。4分の3が治るというのは説得力がある。そうしてあなたも瀉血を試してみると、実際に体調がよくなったと感じる。

だが、ここに落とし穴がある。**病気になっても瀉血しなかった人が100人いて、そのうちの75人の体調も回復していたとしたらどうだろう。**つまり、瀉血をしてもしなくても、

4分の3の人の体調が回復するということだ。

人間の身体には治癒力が備わっているので、瀉血のおかげで治ったとの誤解が生じる可能性があるのは仕方のないことだ。しかしながら、私たちの先祖は、瀉血しなかった人はどうだったかという確認を怠った。自分が信じるものの裏付けとなる証拠にしか目を向けなかったのだ。

確証バイアスに気づける「クイズ」

私の確証バイアスに関する講義では、2—4—6課題やこの章で紹介してきたすべての例を使って学生を質問攻めにする。そして講義の最後にクイズを出題する。

たとえば、キース・スタノヴィッチ、リチャード・ウェスト、マギー・トプラクによる共著『合理性の割合——合理的思考を試す』(未邦訳)からの質問は、確証バイアスに気づくことの難しさを教えてくれるものだ。[2] 以下に紹介しよう。


自己肯定感とリーダーとしての資質の関係について調べている研究者が、リーダーとしての資質が高い人を1000人集めた。そのうちの990人は自己肯定感が高く、10

人は低い。ほかに情報はないものとした場合、これらのデータから導き出せる最良の結論は次のどれか?

①自己肯定感とリーダーとしての資質は、強固な正比例の関係にある。
②自己肯定感とリーダーとしての資質は、強固な反比例の関係にある。
③自己肯定感とリーダーとしての資質に関連性は一切ない。
④これらのデータから導き出せる結論は何もない。

①を選んだ人は、私のクラスの学生の3分の1と同じだ。

これは不正解である。

学生の出来が悪いと言いたいのではない。間違えた学生のなかには、神童と呼ばれた子もいれば、高校の卒業生総代を務めた子、数学の全米チャンピオンやディベートの全国大会優勝者もいた。それに、彼らはGPA(成績平均点)4・0を目指しているので、このクイズに正解したい気持ちもとても強い。それでもなお、彼らを誤った方向に誘導する確証バイアスの力は強く、**確証バイアスについて学習した直後であっても、その影響から逃れられない**のだ。

2―4―6課題のときと同じで、自己肯定感の高さがリーダーとしての資質に関係するという最初の仮説には説得力がある。それに加えて、提示されているデータの99パーセントが、その仮説を支持しているようにも思える。

では、なぜこの仮説が誤りとなるのか？　こちらの問題でもやはり、問題に登場する研究者は、**リーダーとしての資質が乏しい人に関するデータを何ひとつ提示していない**。仮に、リーダーとしての資質に乏しい人々についても、99パーセントが自己肯定感が高ければ、リーダーとしての資質と自己肯定感に正比例の関係があるとの結論は導き出せない。

この研究者はその種のデータを集めなかった。よって、クイズの正解は④となる。提示されているデータからは、いかなる結論も導き出すことはできない。

「思い込み」で人生が歪んでしまう

ここまでの話では、確証バイアスが、罠に陥った本人に害をなすとは思えないかもしれない。2―4―6課題はどこか意地の悪さがあり、引っかけ問題のようですらあるので、間違ったからといっていつまでも気に病むことはないだろう。拒食症という誤った診断で傷ついたのは、確証バイアスのせいで誤診をした医師ではなく、誤診されたビスマのほうだった。

現実には、自分の結論の正否をいちいち教えてくれる科学者はいないので、確証バイアスにとらわれている人は、自分が出した結論がどれほど間違っていてもわからずじまいかもしれない。**ビスマを誤診した医師は、あれが誤診だったとはいまも知らないに違いない**——本書を読んでいない限りは。

確証バイアスの罠に陥ったところで、自分が間違えていたと気づくことさえないのであれば、確証バイアスが本人に直接害を与えることなどあるのだろうか？

もちろんある。個人レベルに限らず、社会レベルでも害をなすおそれがあるのだ。

人は「自分のこと」がとても知りたい

まずは個人レベルの話から始めよう。確証バイアスにとらわれると、人は自分自身のことを誤って認識するおそれがある。具体的にはどういうことか。

ほとんどの人は、自分のことをもっとよく知りたいと思い、自分のいま現在の立ち位置や、まわりの目から見たありのままの自分を知りたいと願う。そうして、「結婚生活に問題はないか？」「自分は優秀か？」「自分はまわりから好かれているか？」などと自問する。

性格、IQ、EQ（心の知能指数）、身体年齢などについて、確実で客観的な答えがほしい。

誰もが自分自身に強い関心を持っているからこそ、インターネットや雑誌には、「○○からわかる本当の自分」といった見出しで始まる「診断テスト」があふれている（「○○」に入るものは、筆跡、笑い方、好きな音楽、好きな食べ物、好きな映画、好きな小説など、挙げればきりがない）。

たとえばフレッドという人物が、「あなたは社交不安症？」というインターネットの広告に目をとめたとしよう。そして1・99ドル払って診断テストを受ける。テストを終えると、社交不安症である可能性が高い点数となり、74パーセンタイルに位置すると判明した。

最初は結果に懐疑的だったフレッドだが、振り返ってみると、社交不安の兆しが現れたときが何度かある。前回のスタッフミーティングでは自分の考えを口にできなかったし、カクテルパーティーに行くと思うだけでゾッとする。

こうした裏付けとなる例を思い出し、フレッドは自分が社交不安症だと確信する。そして2―4―6課題のときと同じで、彼も反証する例を思い出そうとはしない。

前回ではなく3週間前に開かれたスタッフミーティングでは、現行の方針の欠点をためらわずに指摘したことや、カクテルパーティー以外の場では人との会話を楽しんでいるという事実については考えもしない。

残念ながら、自分は人との交流に不安があると信じ込んでしまったフレッドは、これまで以上に人とかかわる状況を避けるようになるかもしれない。このような行動に出る現象を、「予言の自己成就」と呼ぶ。

「遺伝の影響」を思い込ませる実験

確証バイアスが害をなす例をもうひとつ紹介しよう。

今度は、いまの例よりハイテクな「DNA検査」に関するものだ。

昨今では、23アンドミーなどの会社を利用すれば、個人で簡単に自分の遺伝子検査の結果を入手できる。100ドル払えば、100ドルほど払えば自分の先祖に関するレポートを受け取れるほか、もう100ドル払えば、体質の傾向についても知ることができる。2型糖尿病、乳がん、卵巣がんになりやすいかどうか、といったことがわかるのだ。2019年1月までにアメリカで遺伝子検査の直販サービスを利用した人の数は、2600万を上回るという調査結果もある。[3]

とはいえ、検査結果は誤って解釈されやすい。なかには「遺伝子で人生が決まる」と信じている人もいるようだが、遺伝子で人生が決まることはありえない。なぜなら、遺伝子はつねに環境の影響を受けるからだ。

たとえ遺伝子が運命を握っているとまでは信じていなくても、遺伝子検査の結果を理解しようとしたときに、**確証バイアスによって自分の過去を書き換えてしまう**可能性はある。私はこの可能性について、マシュー・リボヴィッツと共同で調査を行った。[4] 彼は博士課程で私が指導した学生で、現在はコロンビア大学で准教授を務めている。

まずは、住所を提供する意思のある協力者を大量に募集した。実験で使う物資が入った小包を郵送で受け取ってもらう必要があったからだ。その際には、実験に参加すれば報酬が発生することも告げた。

参加者が受け取る小包には、オンライン実験への参加方法を記した説明書と、「5－ヒドロキシインドール酢酸用唾液検査キット」「アメリカ製」と書かれたラベルが貼られ、使用期限が記された小さなプラスチック容器が入っている。

オンラインでインフォームドコンセントを行い、実験の一環として、参加者にはうつ病の遺伝的傾向を測定するために唾液検査を受けてもらう旨を伝えた（実験への参加はいつでもやめることができ、途中でやめても報酬はもらえることも伝えた）。

小包を受け取った参加者は、プラスチックの容器を開けて、マウスウォッシュの入った小瓶と試験紙を取り出す。そしてマウスウォッシュで口をゆすぎ、ウォッシュ液を吐き出す。

参加者には告げていないが、そのウォッシュ液は、市販のマウスウォッシュに研究員が砂糖を混ぜたものだ。

液を吐き出したら、容器から取り出した試験紙を舌の裏に当てる。参加者には、この試験紙が5―ヒドロキシインドール酢酸に敏感に反応し、うつ病に対する遺伝的感受性を検知する役割を果たすのだと説明した。だが、実際にはグルコースに反応する紙なので、舌の裏に当てれば誰でも色が変わる——彼らが使うマウスウォッシュに砂糖を加えたのはそのためだ。

その色の意味するところは、参加者が実験用のサイトを訪問し、実験で自分が目にした試験紙の色を選んでクリックすると判明する。

簡単に「疑似うつ状態」になってしまう

この時点で、参加者は無作為に2つのグループに分けられた。

1つは、サイトで選択した色は、「うつ病に対して遺伝的感受性がない」ことを示していると告げられるグループ。そしてもう1つは、「うつ病に対して遺伝的感受性がある」ことを示していると告げられるグループだ。便宜上、前者を「遺伝なしグループ」、後者を「遺伝ありグループ」と呼ぶことにしよう。

結果を知った参加者は、その後、ベック抑うつ質問票（BDI－II）に回答した。この質問票はうつの程度の評価に非常に有効で、過去2週間に体感したさまざまなうつ症状の度合いを尋ねるものだ。たとえば「悲しみ」についてなら、「悲しくない」「悲しい」「いつも悲しいと感じ、その気持ちから逃れられない」「耐え難いほど悲しく不幸である」のいずれかを選択する。

参加者の回答が、過去2週間に実際に体感したことを正確に表しているかどうかを確かめる術はない。

とはいえ、これだけは明言できる。

参加者がどちらの結果を告げられるかは無作為に決められたのだから、**過去2週間に現れたうつ症状が、どちらかのグループで強くなることはありえない**。

ほかの参加者に比べてつらい2週間を過ごした人はいるかもしれないが、大人数の参加者を無作為に2グループに分けたのだから、そういうばらつきはなくなるはずだ。

ところが、質問票の結果を見ると、遺伝ありグループが遺伝なしグループよりもはるかに高い点数を叩き出した。

遺伝なしグループのBDI－IIの平均点は11・1で、基本的にうつではないと分類されるのに対し、遺伝ありグループの平均点は16・0で、この点数は軽いうつ状態に分類される。

つまり、結果を無作為に2グループに分けて伝えたにもかかわらず、遺伝的にうつ病になりやすいと告げられた人たちは、そうでないと告げられた人たちより強いうつ的症状を報告したのだ。

確証バイアスはこうした疑似うつ状態を容易に引き起こしうる。遺伝的にうつ病になりやすいと知った参加者たちは、その「遺伝子検査結果」との整合性を図ろうと、自分が落ち込んだのはいつだったかと記憶をたどったに違いない。

彼らが思い出したのは、午前2時まで眠れなかった夜や仕事に行きたくないと思った朝、地下鉄に乗りながら生きる意味についてずっと考えていた日のことだろう。こうした裏付けとなる証拠によって、彼らは過去の2週間を実際よりも落ち込んで過ごしたと思い込んだのだ。

話を先に進める前に、この実験は参加者を欺《あざむ》くものだったのではないかと問われることが多いので、その点について説明したい。

この実験の手順は、イェール大学の倫理委員会と入念に協議したうえで考案された。倫理委員会は、実験対象となる人々の保護を監督する役割を担う。実験を終了するにあたり、私たちは参加者に対し、この実験の科学的価値について説明し、何かあったときのための連絡先を渡した。いまに至るまで、有害作用は1件も報告されていない。

もっとも、実験で使用されたマウスウォッシュのブランドを問い合わせるメールなら届いた。その参加者は、市販されているマウスウォッシュはどれも好きになれないが、実験で使ったものは本当においしく感じたのだという。私たちは正直に、それは砂糖を加えたからだと伝えるしかなかった。


また、実験中に思いがけないことが起きたせいで、期せずして確証バイアスが及ぼす影響力の強さが余計に証明されることにもなった。

実験が始まってすぐ、ジョージア州アトランタの警官から電話がかかってきた。郵便で怪しい小包を受け取ったとの届け出があり、包みを開けたら私たちの連絡先が入っていたというのだ。

警官の話では、小包を警察署に持ってきた女性は、一緒に暮らす家族全員に小包を頼んだ覚えはあるかと尋ねたが、誰も心当たりがなかったという。

興味深いことに、その女性は、小包が届いたとたんに家族みんなの身体が痒《かゆ》くなったとも話していたらしい！　炭疽菌《たんそきん》などの毒物が入っているのではないかと疑ったせいで、**小包の中身が原因で身体が痒くなったと思い込んだ**のだ。これぞまさに、実生活で確証バイアスが作用した例にほかならない！

小包を警察署に届けた女性は1、2時間をムダにしただけだが、実験への参加を申し込んでおきながら小包について忘れてしまった彼女の家族の誰かは、参加報酬として得られるはずだった10ドルをもらい損ねた。

信じたとたん、信じたように行動し始める

この実験で明らかにされた類いの確証バイアス、そして先に紹介した性格診断テストの例には、確証バイアスに潜む深刻な問題が見て取れる。それは「悪循環」だ。

暫定的な仮説を裏付ける証拠ばかり集めていると、それが正しいと確信する気持ちが極端に強くなっていき、裏付けとなる証拠をさらに求めるようになるのだ。

どんな遺伝子検査や性格診断テストでも、その人を決定づけるような答えは出ない。そ

ういうテストの結果はつねに確率的であり、不確実性を含んでいる。それはテストに完璧はありえないからだが、それ以前に、**世界とはそういうものだから**だ。

たとえば、アンジェリーナ・ジョリーが両乳房の切除を決断するきっかけとなったことで知られるBRCA1遺伝子は、遺伝的変異に関する有益な情報を与えてくれる。この遺伝子を有していると、60〜90パーセントの確率で乳がんを発症するといわれている。

しかし、これほど高度な予測が可能になることはめったにない。というのは、現実の結果は相互に作用する複数の遺伝子だけで決まるものではなく、遺伝子と無関係な多種多様な要素が関係するからだ。

また、自分自身を知るためだけでなく、人を雇うときやカウンセリングの一助として活用する性格診断テストも同じで、それによって得られる情報は文脈と切り離されたものだ。特定のテストでは協調性を見せていた人も、環境が変わったり、作業の内容が変わったりすれば、協調性が見られなくなるかもしれない。

だからといって、そういうテストの有効性を否定するつもりもない。私も近いうちに遺伝子検査を受けるつもりだ。

健康上のリスクを知っておけば、自分でコントロールできる部分については積極的に考えたり行動しやすくなる。また、世間からすると自分は内向的、外向的のどちらになるかや、自分の寛容さはどのレベルになるかを知れば、人と接するときの参考になる。

しかし、確証バイアスにとらわれると、簡単に自分を実際以上にすごいと思ったり、ダメだと思ったりしてしまう。つまり、**自分はうつだと信じ始めたとたんに、うつ病患者のようにふるまいかねない**ということだ。

将来について徹底して悲観的になり、楽しいことを避けるようになれば、誰だってうつ状態になる。能力についても同じだ。自分の能力を疑い始めたら、リスクを避けるようになってキャリアアップにつながるチャンスを逃し、能力を十分に生かせないキャリアを送る羽目になるかもしれない。

確証バイアスの作用は反対方向にも働く。自分の力を過信すれば、失敗は無視して成し遂げたことだけを選りすぐって思い浮かべて、結局は自分の能力を過小評価するときと同じようなまずい状況に陥りかねない。

こうした悪循環を生み出すことから、私は確証バイアスのことを、**私の知るなかで最悪の認知バイアス**だと思っている。

しかも、いま説明したような悪循環は、社会的なレベルでも起こりうるのだ。

「いびつな現実」が見えなくなる

まずは、私が家族と一緒のときに体験したエピソードから話を始めよう。

私の娘が小学1年生のときに、夫が全米科学アカデミーから栄誉あるトロランド賞を授与された。そして家族全員で、授賞式に出席するためにワシントンDCへ向かった。

式典が始まるのを待つあいだ、夫はほかのさまざまな分野で賞を授与された何十人もの受賞者と一緒に壇上に座っていた。私と二人の子どもたちは、アメリカで屈指の科学者たちに混じって客席に座っていた。

そんななか、娘がとても大きな声で私に尋ねた。「ママ、あそこには、どうして女の人より男の人のほうが多くいるの?」。私は驚いたが、娘の観察眼を心から誇らしく思った。そして、恥ずかしい気持ちになった。娘が大きな声を出したからではない。壇上にありありと男女の数の不均衡が表れていることを、気にもとめなかった自分を恥じたのだ。

私自身、科学者として、この世界で女性より男性をよく目にすることにすっかり慣れてしまい、それが特殊なことだと思わなくなっていた。そうした先入観のない子どもにしてみれば、そのアンバランスは明らかだった。

私は7歳の娘の質問に、何から話せばいいかもわからなかったが、幸いすぐに式典が始まった。

とはいえ、遅ればせながら、私は自分なりの答えを用意した。

女性より男性の受賞者のほうが多かったのは、「男性だけが科学に向いているから」ではない。真実は2―4―6課題の答えである「前の数字よりも大きい任意の数字」に似ていて、男性も女性も科学に向いている。だが、**男性と科学の関係に対し、社会全体が確証バイアスにとらわれてきた**のだ。

昔から、科学者はほぼ全員が男性だった。専門とする分野での研究を続けられる人は、多くが優れた仕事をする。かくして、男性は科学が得意だという先入観が生まれた。

一方、女性には、優れた科学者になりうることを証明する機会がほとんど与えられてこなかった。そのせいで、科学に向いているのは男性だけだという説を覆す証拠がほとんど生まれなかった。

男性のほうが女性より科学が得意だと社会全体で信じられていると、社会はそれを前提として形づくられていく。

セミナーや授業で鋭い意見を述べる男子学生は、同じことを発言する女子学生より多くの称賛を受ける。まったく同じ経歴でも、男性は女性より高い給与で雇用されやすい。となれば当然、優れた女性科学者より優れた男性科学者のほうが多くなり、男性は女性より科学が得意だという見解は、ますます強固なものとなる。

この見解を合理的に確かめるには、女性にも公平に機会を与えて反証を試みる必要がある。

論理の誤りを強調する言い方をすると、男性にしか機会を与えずに男性のほうが優秀だと結論づけるのは、「家中にスプレーした後にお化けが一度も出ていないから、モンスタースプレーにはお化けを消す効果がある」と思い込む子どもと同じだ。こうした誤った考え方からは、いいかげん脱却しなければならない。

不合理は「実害」を生む

この種の確証バイアスは、どのようにして社会に害をなすのか？

いうまでもなく、「人間はみな平等に扱われるべき」という道徳の原理の根幹が侵害される。加えて、確証バイアスは不合理だ。不合理さは、社会にさらなる具体的な害をもたらすだろうか？　答えはイエスだ。

わかりやすい例をあげよう。

私はいま、検索エンジンに「新型コロナウイルスのワクチンを開発した科学者」と入力した。はたして、検索上位に女性科学者は何人表示されるだろうか。私自身が確証バイアスにとらわれるのを避けるため、入力時に「女性」という言葉は入力しなかった。

最初にヒットしたのは「オズレム・テュレジ博士」で、彼女はファイザーとビオンテックがワクチンを共同開発した際に中心となった夫妻の妻だ（夫はウグル・サヒン博士で、夫妻ともビオンテック創業者に名を連ねる）。

それから、ファイザーとビオンテックのワクチン開発に貢献した科学者として、「カタリン・カリコ博士」も表示された。彼女はノーベル化学賞の最有力候補の一人だという。

そして4番目も「キャスリン・ジャンセン博士」という女性の科学者だった。彼女はファイザーの重役で、ワクチン研究開発の責任者を務めている。

では、モデルナのワクチンについてはどうか？

アメリカの新型コロナウイルス対策を主導してきたアンソニー・ファウチ博士は、「モデルナのワクチンは、実質、バーニー・グラハム博士と彼の盟友であるキズメキア・コルベット博士が率いる私の機関（アメリカ国立衛生研究所）のワクチン研究センターが開発した」と語っている。

コルベット博士は黒人の女性科学者で、ワクチン接種をためらうマイノリティーの人々の説得もボランティアで行い続けている。

いま挙げた名前はすべて、検索結果の1ページ目に表示された。男性は二人だけだった。想像してみてほしい。彼女たちのような女性科学者が、親や教師から研究の継続を阻止されていたらどうなっていたか。男性ばかりが科学的な偉業を成し遂げたと表彰されるのを目の当たりにし、世間の多くの人たちと同じように、**彼女たちも「女性に科学研究はできない」と思い込んでいたとしたら、いまはどんな世の中になっていただろうか。**

人種、年齢、性的指向、社会経済的な背景に基づく固定観念についても同じことがいえる。

マイノリティーに属する人で、自分が得意とする分野で能力を発揮するチャンスを与えられる人は少なく、卓越した成果を挙げる人となれば、当然そのなかのほんの一握りしかいない。

これは、社会にとって不名誉なことというだけではない。幅広い才能の集結によって生まれる進歩の機会が奪われていることにもなる。

シティグループは2020年のレポートで、人種に基づく差別によって機会の平等が損なわれることでアメリカに生じている損害を数値化した。

それによると、過去20年にわたって白人アメリカ人と黒人アメリカ人両方の教育、住居、賃金、仕事に平等に投資されていたら、**アメリカは16兆ドル豊かになっていたはず**だという。数字が大きすぎてピンとこない人のために補足すると、2019年におけるアメリカのGDP（アメリカ国内で2019年の一年間に産出された、すべての製品とサービスの市場価値の総計）は21兆4300億ドルである。

16兆ドルという数字は、黒人労働者が大学の学位を取得していたら得られたであろう賃金、住宅ローンを申し込んだ黒人が審査を通過していたら生まれていたであろう住宅市場の売上、黒人の起業家が銀行から融資を受けられていたら経済に貢献したであろう事業収益に基づいたものだ。

確証バイアスがなかったら、気候変動への対処や、医療制度の整備に加え、世界平和に向けた活動にまで使える16兆ドルを手にできていたかもしれないのだ。

完璧をめざす人より「妥協する人」のほうが幸福である

確証バイアスがそんなにも悪いものなら、それはなぜ存在し続けているのだろう？

私たち人間に対し、個人的にも社会的にも害をなすというのに、どうやって進化の過程で生き延びてきたのだろう？　もしかして、確証バイアスがもたらすメリットが何かあるのだろうか？

皮肉に聞こえるかもしれないが、実は確証バイアスによる適応力のおかげで、人間は生き延びてこられた。**このバイアスによって、人は「認知能力の倹約」が可能になる**のだ。脳のパワーとも呼ぶべき認知のエネルギーは、差し迫って必要になったときのために保存しておく必要がある。

急を要するのは、論理的に考えるときではない。生存が脅《おびや》かされるときだ。大昔に、私たちの先祖がXという森でおいしいベリーの実を見つけたとしよう。森Xに実がたくさんなっているのに、Yという森にもおいしい実がなっていないかとわざわざ確かめに行く必要がどこにある？　森Xで十分なベリーを収穫できている限り、おいしいベリーがあるのは森Xだけなのか、すべての森にあるのかどうかは大した問題ではなかった。

ハーバート・サイモンは、1978年に認知科学者で初めてノーベル賞（経済学賞）を授与された人物だが、いま述べたようなことを（確証バイアスに限定せず、一般的な原則として）指摘した。

彼の理論を理解するうえで、まずは世界には無限の可能性があるという事実を意識してもらいたい。たとえばチェスの試合でプレーヤーが取れる手の数は、駒の数や細かく定められたルールという制約があるにもかかわらず、10の123乗あるといわれている。この数は、観測可能な原子の数より多い。

まったく、私たちの前には未来の可能性がいったいいくつ広がっているというのだ。その数の多さを思えば、**意思決定をする際は、ある程度満足したところで、それ以上の探求をやめる必要がある**。

サイモンはその行為を「サティスファイス」と呼んだ。

この言葉は、「満足する《サティスファイ》」と「十分である《サフィス》」を組み合わせた彼の造語である。

その後、さまざまな科学者の手でさらなる研究が行われ、人生を通じて行わなければならない類いの探求をどれだけ最大限にし、どれだけサティスファイスする（満足したところでやめる）かは、個々人によって大きなばらつきがあると判明した。

最大限に探求したいマキシマイザーは、つねによりよい仕事に目を光らせている。現状の仕事に満足していても、違う人生を生きることを夢見たり、シンプル極まりない手紙やメールでも、何度も下書きしたりする。

一方、満足した時点で探求をやめるサティスファイサーは、友人のプレゼントを買いに行ってもあまり悩むことはなく、次善の選択肢を簡単に受け入れる。また、互いに本気であるとの確信が持てない限り、〝お試し〟で恋人関係になったりもしない。

興味深いことに、**サティスファイサーはマキシマイザーより幸福度が高い。**

それはそうだろう。彼らは完璧なソウルメイトを探し求めることに執着せず、十分だと思える相手に落ち着いて、その人との関係を楽しめるのだから。ひとつの森で十分においしいと思えるベリーを見つけて満足する人間も同じで、それと同等かそれ以上においしいベリーがほかの森にないかをいつまでも確かめようとする人より幸福なはずだ。

確証バイアスは、サティスファイスできるための副作用と呼んでいいのかもしれない。私たちは確証バイアスのおかげで、無限の選択肢があるなかで十分だと思えるものに出合ったら、探求をやめられる。それにより幸福度は高まるし、順応性も高くなる。

その一方で、本章でもさまざまに見てきたように、間違った答えを与えられてしまう場面であっても、人は確証バイアスを使い続けてしまうということが問題なのだ。

こうすれば「思考の罠」を破れる

確証バイアスが私たちに適応した起源を知ると、排除することの難しさも痛感する。2—4—6課題が考案されたのち、さまざまな研究者がこれを応用して確証バイアスの排除を試みた。

なかには、「3つの数字の法則に関して自分の立てた仮説が誤りかどうかを知るには、その仮説に当てはまらない並びの数字を試せばよい」と参加者に率直に伝えたうえで行われた実験もある。

かなりあからさまな指示だが、それでも正解の法則を見つける助けにはならなかった。正解を見つけるために、自分が不正解であると証明しようとすることは、戦略としてややこしすぎたのかもしれない。

とはいえ、私たちにこんなにも染みついている確証バイアスを克服したいのであれば、**むしろ確証バイアスを利用すればいい**。

矛盾して聞こえるかもしれないが、そんなことはない。どうするかというと、1つではなく2つの相容れない仮説を立てて、両方の実証を試みるのだ。

2−4−6課題を応用した例を使い、実際にやってみよう。

私の頭にはいま、2つのカテゴリーがある。わかりやすいように、それらをDAXとMEDと呼ぶことにしよう。それぞれに、数字の順序に関する法則が定められている。その2つの法則を見つけてほしい。

たとえば、「2−4−6」という順序はDAXに属する。DAXに当てはまる法則と

MEDに当てはまる法則を見つけるには、こうした3つの数字の並びをつくってみなければならない。つくるたびに、それがDAXとMEDのどちらに属するか教えよう。
ミッシェルが挑戦することになった。彼女もほとんどの人と同じように、DAXの法則は「2ずつ増えていく偶数」だと考え、まずはその並びを使って確かめる。

ミッシェル：10、12、14。
私：DAXです。
ミッシェル（「よし、DAXの法則はわかった。じゃあMEDは、2ずつ増えていく奇数かな。それで正解か確かめてみよう」と思いながら）：1、3、5。
私：DAXです。
ミッシェル：ええっ？

ここで起きたことを説明すると、ミッシェルはDAXの法則がわかったと思ったが、MEDの法則も見つける必要があった。そのため、MEDに当てはまると思う3つの数字を挙げた。要はMEDのほうの仮説を裏付ける証拠を求めたのだ。
ところが、彼女の挙げた数字はDAXに属すると判明し、DAXについての彼女の仮説は間違っていたと悟る。それでは続きを見ていこう。

ミッシェル（「そうか。ならDAXの法則は、2ずつ増えていく任意の数字だ。となると、MEDの法則は何だろう？　たぶん、2以外の数で増えていく数字かな。試してみよう」と思いながら）：では、11、12、13はどうです？

私：DAXです。

ミッシェルはMEDのほうの仮説の確証を得ようとしたが、今回もまた、DAXの仮説を否定する証拠を得てしまう。その後も同じようなやりとりが続く。

ミッシェル（「じゃあDAXは、定数を加算して増えていく数字なのかもしれない。それならMEDは、不規則に増えていく数字だろうか。確かめてみよう」と思いながら）：わかりました。では、1、2、5はどうです？（このとき彼女は、「これがMEDじゃなかったら怒る」と思っている）

私：DAXです。

ミッシェル（「ええっ？　じゃあDAXは、ただ増えていく任意の数なんだ！　それなら

MEDは、減っていく数の並びではないだろうか。確かめてみよう」と思いながら）：3、2、1。

私：MEDです。

ミッシェル：わかった！ DAXは増えていく任意の数字の並びで、MEDは減っていく任意の数字の並びですね。

私：正解です。

ミッシェルのように2つの法則を見つける課題として2－4－6課題が出題されると、**挑戦した人の85パーセントが、この悪名高い課題の正解を見つけることができた。**[5]

これが、私たちに染みついた「自説の裏付けを取ろうとしてしまう性質」を利用して、確証バイアスを克服するやり方だ。

MEDのほうの仮説の裏付けを取ろうとすれば、期せずしてDAXのほうの仮説が否定される。MEDに属する、あるいはDAXに当てはまらないと思って挙げた3つの数字の並びがDAXに属するとなれば、DAXについての仮説が間違っていたと判明するので、仮説を見直さざるをえなくなるというわけだ。

「正反対」のことを自問する

それではここで、私の夫をはじめ、男性科学者がほとんどを占める全米科学アカデミーの壇上に戻ろう。科学の世界に男女数の不均衡を招いた元凶である確証バイアスにも、同じやり方で対抗できる。

たとえば、壇上を見たときに、そこに立つ50人の優秀な科学者がいずれも男性だと気づき、人を優秀な科学者たらしめるのはオスの遺伝子ではないかと思い至ったとしよう。

そのときあなたは、DAXとMEDの法則を見つけるときのように、ダメな科学者を生む要素についても考えなければならない。

たとえば、優秀な科学者についての仮説を踏まえて、「女性はダメな科学者になる」という仮説を考えてみる。この2つ目の仮説を検証するために、50人の優秀な女性に科学者になる機会を与える。すると、最初に立てた仮説に反し、50人の女性全員が優秀な科学者になることがわかる。

この検証の仕方のバリエーションをもうひとつ紹介しよう。

今度は、正反対の質問をしてどちらかを問うというやり方だ。

たとえば、自分の社交生活にどの程度満足しているかと考えたときに、自分は「満足しているか、不満か」という自問が考えられる。

このとき、自分は「不満かどうか」を自問すると、不満に思っていること、出来事、言動の例が思い浮かびやすくなり、反対に自分は「満足しているかどうか」を自問すると、満足していることが思い浮かびやすくなる。

これを実際に行った実験では、不満かどうかを自問したグループのほうが、満足しているかどうかを自問したグループに比べて**はるかに強い不満を抱えている自己評価となった**。[6]

この種の確証バイアスから逃れたい人は、自問を通じて両方の可能性があることを示す証拠を手に入れるといい。

この方法を適用できる場面はたくさんある。「自分は内向的か」と「自分は外向的か」、「自分は科学が苦手か」と「自分は科学が得意か」、「犬は猫より優秀か」と「猫は犬より優秀か」の両方を考えるのだ。

ところでこのとき、尋ねる順番は重要だろうか？

答えはイエスだ。

最初の質問の答えが2番目の質問の答えに影響を及ぼすことがある。これについては別の章で詳しく取り上げる。ここでは、2つの視点を公平に扱うことが大切であるということを心にとめておいてほしい。

それでもバイアスには勝てない？

「DAXとMED両方の法則を検討する」「質問の切り口を反転させて問う」という対抗策は、実に明快で、実行すれば確証バイアスの影響は間違いなく緩和されるだろう。高校の批判的思考の授業にそうした対抗策を学ぶカリキュラムを組み込めば、世の中はもっと合理的になるかもしれない。

だが残念ながら、別の可能性を試すこと（MEDの法則について検討すること）が、つねに適切な選択肢であるとは限らない。

事実、それをするにはリスクが大きい場面は多々ある。

「試験のときは必ず幸運の下着を身に着ける」というような、大事な会議や試合に備えて必ず実践する儀式の類いを思い浮かべるとわかりやすいだろう。

NBAで活躍したマイク・ビビーは、バスケットボールの試合のタイムアウト中に爪を切るという行為を現役のあいだじゅう続けた。アイスホッケーチームのデトロイト・レッドウィングスは、試合が始まる前に、きまって氷上にタコを投げ入れる。テニスのビヨン・ボルグは、ウィンブルドン選手権を前にしたときだけ、必ずヒゲを伸ばした。

こうした儀式が不要だと証明するには、儀式を行わないリスクを受け入れなければならない。自分を守ってくれるはずのものを手放して、普段と同じ下着を身に着けて試験に臨んだり、タコを投げ込まずに試合を始めたりしなければならなくなるということだ。

瀉血があれほど長く生きながらえた理由はここにある。

瀉血で本当に病気が治ったと誰かから聞けば、**その「ベストプラクティス」に従わないと後ろめたさを感じるだろう**。私は、風邪を引いたらエキナセアというハーブに頼ると決めている。科学的エビデンスは肯定的なものと否定的なものが混在しているが、不調を感じたときにエキナセアを摂取しないわけにはいかない。

効果があると信じる気持ちは確証バイアスだとわかっているが、病気を治す力があると信じているものを摂取せずに、具合の悪いまま5日過ごすくらいなら、確証バイアスに対抗なんてしなくてもいい。そんなことをあえてするのは、ずっと幸せな結婚生活を送ってきた人が、パートナーが本当に特別な人かを試すためだけに、別の人と駆け落ちするくらいバカげている。

「ためになるかもしれない」からやめられない

近年、多くの人々が検証をためらった例を紹介しよう。1993年、科学誌『ネイチャー』に掲載された研究によって知られるようになった「モーツァルト効果」だ。

その研究者たちは、モーツァルトの「2台のピアノのためのソナタ」（クラシックファンにはK448でおなじみ）を聴いた大学生は、聴かなかった学生に比べて空間認識テストで高い点数を獲得したと報告した。[7]

この結果を知ったメディアは話を飛躍させ、これを「赤ん坊にモーツァルトを聴かせるとIQが高くなる」ことの科学的エビデンスだと解釈した。

すると、子どもの学力が著しく低い一部の州の知事たちが、産科病棟にモーツァルトのCDを無料で配り始めた。そして、「ベイビー・モーツァルト」というビデオが登場した。

これは、色とりどりのおもちゃがモーツァルトの曲に合わせて踊る映像で、このビデオを制作した会社はさまざまな分野の天才を網羅してシリーズ化し、「ベイビー・バッハ」「ベイビー・シェイクスピア」「ベイビー・ヴァン・ゴッホ」などを続けて世に送り出した。

ある調査では、2003年前後、赤ん坊のいるアメリカ人世帯の3分の1が、このビデオシリーズを最低1本は所有していたという。

しかし、本家のモーツァルト効果の論文には、**その効果は長続きせず、IQ全体ではなく空間認識能力に限定的に働くだけ**だと記されていた。この効果の再現を試みて、再現できなかった研究者も少なからずいた。

また、ヒット商品となったビデオのどれかを生後12か月～18か月の幼児に視聴させ、新しい言葉を学習する力が高まるかどうかを確かめる実験も行われた。[8] だが、そのビデオを1か月視聴した幼児に、ビデオを視聴することも特別な訓練を受けることも一切なかった幼児との違いはまったく見受けられなかった。ビデオに出てくる言葉をいちばんよく覚えたのは、ビデオは視聴させずに出てくる言葉を両親が直接教えた幼児のグループだった。

この反証が世に出る前に親になった人たちにしてみれば、「ベイビー・アインシュタイン」を買うのは当然だと感じていたに違いない。教育熱心でなくても、大事なわが子によい効果をもたらしうるものを与えなかったら、後ろめたい気持ちになっただろう。

あえて「偶然」に身を委ねる

リスクを取りたくない気持ちに加えて、習慣になっているという点も、確証バイアスに対抗しづらい原因となる。

歯を磨くとき、何も考えずにいつも同じ場所から磨き出す。神経が高ぶると、爪を噛む、貧乏ゆすりをする、髪をねじる、指の関節を鳴らすといった行動を取る。

自説の裏付けを取ろうとする行為もそれらと同じで、2―4―6課題を解くときのように、自動的かつ無意識に行うものだ。

習慣を壊すのは難しい。爪を噛む習慣には、爪にプロテクターをつける、爪をつねに短く切っておく、といった対策が取れる。しかし、自説の裏付けを取ろうとする習慣を壊すには、何から始めればいいのだろう。

まずは、確証バイアスが招く悲惨な事態について知ることだ。

それから、「しないこと」によるリスクが小さいものから反証を得る練習を始めることも、習慣を壊す小さな一歩となるだろう。

つまり、日々の生活にいつもと違うことを取り入れるのだ。そうすれば、2―4―6課題で「1、12、13」といった規則性のない数字の並びが、思いがけず自説を否定することになるように、あなたが楽しんでやってきたことや信じ込んできたことが、意外とこだわる必要がないことだったと判明するかもしれない。

実は、そういうことができるアプリがすでに存在する。

かつてグーグルで働いていたコンピューター科学者のマックス・ホーキンスは、**「予測できない生活」とはどういうものか**と考えた。

そして、周辺のお店の情報を表示するグーグルの機能を利用して、自分が暮らす地域から無作為に特定の場所を選んでウーバータクシーを手配するアプリを開発した。要は、目的地を知らない状態で、その場所に車で連れていってもらうのだ。

アプリを使って彼が最初にたどり着いたのは、精神科救急センターだった。訪れてみようとは考えたこともなかった場所だ。ところが、これによって彼はこのアプリに夢中になった。

存在すら知らなかった生花店、青果店、バーを発見するようになると、自分はかなり限定された生活を送っていて、ほかの選択肢を模索してこなかったのだと気がついた。

彼はその後、アプリの機能を拡張した。地域と日時を選択すると、条件に該当するフェイスブック上の公共イベントが無作為に選出されるようにしたのだ。

そして彼は、アプリが選んだどのイベントにも必ず参加した。あるときはロシアの人たちとカクテル、ホワイト・ルシアンを飲み、あるときはアクロヨガの教室に参加し、またあるときは、見ず知らずの引退した心理学者が開いたパーティーで5時間過ごした。

他人のこうした話は楽しそうに聞こえるが、自分がそこまで偶然に身を委ねるとなると怖気《おじけ》づき、アプリの購入には踏み切れないかもしれない。

そこで、もっと小さな規模で、**いつもの行動に異を唱える練習方法**をお教えしよう。

お気に入りのレストランで食事をする、あるいはテイクアウトを注文するときは、メニューから無作為に1品選ぼう。いまさらながら、新たなお気に入りの（もしくは苦手な）料理が見つかるかもしれない。

職場に向かう通勤ルートについても、いつもと違うルートを使ってみるといい。

友人と買い物に行ったら、友人に選んでもらった服を買おう。そうすれば、グレーのセーターやブルーのシャツをまた買ってしまった、ということがなくなる。

ラムチョップとサラダを朝食に、シリアルとオムレツにワインをあわせて夕食にしてもいい。

人生は可能性にあふれている。その数は、観測できる世界、できない世界の両方に存在する原子の数より間違いなく多い。どれをいくつ見つけるかは、あなたしだいだ。

Chapter

03

「原因」はこれだ！

関係ないことに罪を着せてしまう

1919年1月。世界が第一次世界大戦と1918年に始まったスペイン風邪の大流行から必死に立ち直ろうとするなか、戦勝国のリーダーたちがパリ講話会議に集結し、敗戦国の処遇を定めようとしていた。

ところが、交渉はすぐに行き詰まった。

当時のアメリカ大統領だったウッドロー・ウィルソンはドイツにあまり強い制裁を課し

たくないと考えていたのに対し、フランスと英国が厳しい賠償請求を求めたからだ。

4月3日、ウィルソンはスペイン風邪に倒れ、回復後も神経症状に苦しめられた。講和会議に復帰はできたが、自らの意見を押し通す強さは失われていた。

結局、ベルサイユ条約には厳しい賠償請求が含まれ、ドイツは多額の借金を背負った。

この条約がドイツ経済に与えた打撃によって、アドルフ・ヒトラーとナチスが台頭する下地ができたと論じる歴史学者は多い。

なかには、ウィルソンがスペイン風邪にかかっていなければ、ホロコーストは起きなかったのではないかと考える人もいる[1]。

ホロコーストと呼ばれる、人類に対するあれほど残虐な国家的犯罪の原因を、ウィルソンの風邪に帰することには違和感がある。たとえ起きたことの順序はそのとおりでも、風邪のせいにするのは正しくないと感じる。

なぜそう感じるのか? **因果関係がどうにもしっくりこない**からだ。

仮に1919年のあいだじゅうウィルソンが健康だったとしても、講和条約の賠償請求が軽くなったという保証はない。それに、条約とは別の理由でドイツ経済が低迷したかもしれないし、ヒトラーが最終的に権力を手にしなかった保証もない。

では、誰かがタイムマシーンを発明してウィルソンがスペイン風邪にかかるのを防ぎ、講和条約の賠償内容も緩和され、ナチスが権力を握るのを阻止できたと仮定しよう。たとえそんなことが可能になったとしても、ホロコーストが起きた唯一の原因としてウィルソンの風邪を挙げることには、やはりためらいがあるのではないだろうか。

なぜなら、**ホロコーストの原因となりうるものは、ほかにもたくさんある**からだ。

そもそもヒトラーの両親が出会わなければ、ヒトラーは生まれなかった。また、反ユダヤ主義が生まれていなければ、やはりホロコーストは起きなかっただろう。1919年にドイツで広大な油田が発見されていたら？　ドイツが第一次世界大戦に勝利していたら？　サラエボでオーストリア大公フランツ・フェルディナントが暗殺されず、戦争が起こっていなかったら？

このように、ホロコーストを防いだ可能性のあるものは無限に存在するが、ドイツの石油資源不足やオーストリア大公の暗殺、連合国の勝利がホロコーストを招いたと責められることはない。

人はこの「手がかり」から原因を考える

歴史的な出来事に限らず、どんな出来事にもそれが起こる原因となりうるものは無限にある。とはいえ、原因として妥当に思えるものの数を絞ることはできるし、最善の絞り方を誰もが知っている。それは、因果関係を推論するときに使われる手がかりや戦略が、ある程度、人々に共通しているからだ。

だからといって、非難や称賛の矛先がつねに同じにはならない。たとえば、ウィルソン大統領のスペイン風邪がホロコーストを引き起こした、と主張する歴史学者は実際にいる。それでいて、私たちは恣《し》意的にどんな原因でも妥当だと考えるわけでもない。

1897年にサモアで起きた1匹の蝶の羽ばたきが第二次世界大戦を招いたと言い出す人はごくわずかだが、ヒトラーが主因のひとつだという意見には誰もが賛同する。

より適切で説得力のある原因に関して意見が一致するのは、出来事が起きた原因を推論するときに、同じような手がかりを頼りにするからだ。

この章では、**人が因果関係を認識する際に共通して使う手がかり**を紹介する。以下に、本章で言及する主なものを挙げよう。

これらの手がかりには、ホロコーストの原因をウィルソンのスペイン風邪のせいにしたくなるものもあれば、その嫌疑を晴らしてくれるものもある。どの手がかりを重視するかで、因果関係の結論付けが変わってしまうのだ。

類似性：原因と結果は、同じ程度のものだとみなされやすい。ホロコーストの原因をウィルソンのスペイン風邪に帰すことにためらいがあるのは、原因と結果の均衡が取れていないせいかもしれない。いくらウィルソンが重要な役割を担っていて、重症の風邪だったとはいえ、世界全体で600万人が殺されたこととは、規模と深刻度があまりにも違いすぎる。

十分性と必要性：私たちは、原因が十分条件を満たしている、もしくは必要条件を満たしていると、ある事象が起こると考えがちだ。ベルサイユ条約の内容が決定されるうえで、ウィルソンのスペイン風邪は十分条件または必要条件のどちらかを満たし、そしてその条約は、ヒトラーの台頭に対して十分条件、必要条件のどちらかを満たしていると思えば、ウィルソンのスペイン風邪がホロコーストを招いたと思うようになるおそれがある。

新近性：原因となりうる出来事がいくつもある場合、人はよきにつけ悪しきにつけ、直近に起きた出来事のせいだと考えがちだ。ウィルソンのスペイン風邪は、ヒトラーの台頭などの出来事に比べると、ホロコーストよりかなり前に起きたことなので、その点からも、ホロコーストをスペイン風邪のせいにする声は小さくなる。

可制御性：人は、人の手で制御できないものより、制御できるもののほうを非難したがる。ウィルソンのスペイン風邪は、当時はワクチンもなかったため、確実に予防できるものではなかった。だがヒトラーに関しては、彼が権力を手にする前に止めることができたかもしれない。そのため、人は後者のほうに原因を帰するよう考える傾向がある。

本章ではこうしたさまざまな手がかりを見ていくが、いずれも単なるヒューリスティックであり、しょせんは経験則や急場しのぎの手段にすぎないという点を忘れないでほしい。要するに、妥当な原因を選出するうえで役に立つからといって、真の原因が見つかる保証はどこにもないということだ。

とはいえ、納得できる答えを与えてくれる場合が多いことから、**誤った方向に導かれる可能性を考えずに頼り切っている**というのが実情だ。

よって、各手がかりの詳細とともに、ひとつの手がかりを信用しすぎて誤った結論にたどり着く危険性についても説明しよう。

原因と結果は「似ているはず」と思ってしまう

——「類似性」の手がかり

ビリヤード台の上に、赤い玉と黄色い玉がある。赤い玉が速いスピードで黄色い玉に向かっていくと、それが黄色い玉に当たったとき、黄色い玉は速く動く。ゆっくりとしたスピードで向かっていけば、当たった黄色い玉もゆっくりと動く。このとき、スピードの原因（赤い玉）は、スピードの結果（黄色い玉の動き）と釣り合いが取れている。

ほかにも、爆発のような大きな音は、大きな出来事の前兆となるが、沈黙はたいてい平穏を示唆《しさ》している。また、悪臭のする食べ物、たとえば消費期限を何週間も過ぎた肉は、身体に悪い影響を及ぼす傾向にあるが、摘みたてのイチゴのようにいい匂いのする食べ物は、身体にいい影響を及ぼすことが多い。**日々の生活において、原因と結果はたいてい、その大きさや特徴がマッチする**。

原因と結果はよく似ている傾向にあるので、私たちはそうしたパターンを見つけては、類似性を前提にして因果関係を想像する。そのため、原因と結果が似ていないと、意外に感じる。たとえば、大きな鳥は大きな鳴き声を発するものだと思うので、大きな鳴き声が聞こえたときに、それを発したのが小さな鳥だとわかったら、驚いてその鳥が鳴く姿を撮影し、知り合い全員にシェアするだろう。

また気候変動は、生物学、地質学、経済学をはじめ、基本的に地球上で起きているありとあらゆることに影響を及ぼす問題だが、「その原因は海にこぼれた一滴の原油かもしれない」と言われて信じる人はほぼいないだろう。ほとんどの人は、気候変動は自然災害に加えてあまたの人的活動によって引き起こされ、徐々に地球の大気に作用を及ぼすものだと正しく理解している。

逆に結果が単純なもの、たとえば床に散らばったガラスの破片を目にすれば、誰か一人がやったに違いないと考え、家族全員で共謀してグラスを割ったとは考えない。

この章で最初に提示した例に話を戻すと、ウィルソンのスペイン風邪とホロコーストを結びつけることに抵抗を感じる一因は、類似性を探してしまうというヒューリスティックにあるといえる。

ホロコーストの責めを風邪というひとつの原因に背負わせると、結果を矮小化《わいしょうか》してしまうように感じるのだ。

ウィルソン大統領のことをあまりよく思っていないとしても、600万近くのユダヤ人の死に加え、大勢の同性愛者、ロマ族の人々、身体障害者が組織的に殺されたのは彼が風邪を引いたせいだ、と非難するのは無理があると感じ、もっと明白な国家レベルの元凶を見つけたくなる。

この不快感こそ類似性ヒューリスティックの表れであり、この感覚が類似性ヒューリスティックによる判断を後押しもする。

しかしながら、類似性に頼って原因を推論すると、見当違いの答えにたどり着くおそれもある。

というのは、**原因と結果は似ていたり釣り合いが取れていたりするとは限らない**からだ。熟したイチゴのように、いい匂いのする食べ物は身体にいい場合もあるが、200グラムのバターと卵6個を使った焼きたてのケーキは、健康的な食べ物とは呼べない。それに、臭い食べ物でも、ドリアン、キムチ、納豆、ブルーチーズなどは、むしろとても身体にいい。

また、静寂は基本的には「問題がない」ことのしるしだが、幼児の長い静寂は問題を意味することもある。トイレットペーパーをどのくらい引き出せるかに夢中になっているのかもしれないし、母親の化粧品の入った引き出しを一心にまさぐっているのかもしれない。

「小さな原因から大きな結果が生まれる」ことがわからない

民間療法は、類似性に頼りすぎるとろくなことにならないと教えてくれるものの宝庫だ。かつては、肺の病である喘息《ぜんそく》はキツネの肺を食べると治ると信じられていた。牛の睾丸を唐揚げにしたロッキー・マウンテン・オイスターと呼ばれる料理を食べると、男性の睾丸が元気になり、男性ホルモンが分泌されると誤解されていた。

また、類似性ヒューリスティックに頼る傾向のせいで、**結果が原因とあまりにもかけ離れていると感じると、明白な原因を原因として受け入れられない**ことがある。

たとえば、病気を説明するものとして細菌の研究が初めて発表されたとき、多くの人はそれを信じ難いと感じた。というのは、細菌のような極小のものに、人間に害を及ぼしたり人間を殺したりできるほどの力があるとはどうしても理解できなかったのだ。

そうした抵抗感は、いまもまだ残っている。

2020年のパンデミックの際、「自分は無敵だ」と信じる一部の人々は、医療関係者からの妥当なアドバイスを無視し、マスクの装着を拒否して大規模なパーティーを開いた。

新型コロナウイルスが、「ゲーム・オブ・スローンズ」の魔物や、「ウォーキング・デッド」のゾンビのような見た目なら、公衆衛生の管理はもっと容易になっていただろう。

こうした例を見ると、類似性ヒューリスティックの欠点がよくわかる。

ときとして、小さな原因から大きな結果が生まれることがある。たとえば、小さな不正は小さな影響しか生まないと思うかもしれないが、不正の連鎖が起きて、思いがけないかたちで思いがけない人々に影響が及ぶかもしれない。

反対に、笑顔を見せる、大丈夫かと尋ねる、といった小さな親切の影響も侮れない。そういう些細《ささい》に思えるふるまいで素晴らしい一日になることもあれば、人生が一変することもあるということを忘れてはならない。

ひとつわかると、ほかの可能性を「除外」してしまう

──「十分性」の手がかり

因果関係の判断に類似性が影響を及ぼすのは事実だが、ある結果を引き起こした原因を突き止めるときに主に活用する手がかりはほかにもある。類似性よりはるかに強力な手がかりとなるのが「十分性」だ。

ジルがジャックにバケツに入った氷水をかけ、ジャックが叫び声をあげた。

哲学教授のフィルが研究室から出てきて、なぜジャックは叫び声をあげたのかと尋ねる。

するとジルが、自分がジャックに氷水をかけたと白状する。

だがフィル教授は納得しない。「それがジャックが叫び声をあげた原因だとなぜわかる?」と彼は問う(そういう状況に直面した人が一般に問いかける質問ではないが、フィル教授の専門は認識論で、彼は人がものごとを知る経緯について研究しているのだ)。

ジルはこう答える。「氷水をかけられれば、誰だって叫ぶでしょう」

この回答は十分条件である。**十分条件は「Xが起こるとき、必ずYも起こる」と表す**ことができ、XがYの十分条件であるとき、XはYの原因であると推定される。ここまでは問題ない。

しかし、ひとつの原因がその結果を引き起こしたように思えたからといって、原因をそのひとつに決めつければ、それと同じくらい原因となりうる可能性を秘めているものを無視することになる。

ジャックとジルの話に戻ると、ジルがジャックに氷水をかけたとわかれば、**ジャックが叫び声をあげたことについて、ほかの原因を考慮しなくなる**だろう。ジャックに蛇が忍び寄っていた、フィル教授との約束の時間が過ぎているとはたと気づいた、といった可能性を考えなくなるのだ。

つまり、頭に浮かんだ原因がその結果を引き起こす十分条件を満たせば、その結果を引き起こした可能性のあるほかの原因は除外されるというわけだ。


ほかの可能性を除外したところで、現実世界ではたいていは問題ない。だが、ほかの可能性を除外しているとの認識を持つことは大切だ。その認識がないと、他者の評価を不当に貶《おとし》めるおそれがある。

具体的な例を挙げよう。グウィネスという女性がテレビ番組のオーディションを受け、役を獲得した。その後、ミッシェルは、グウィネスの父親がその番組のプロデューサーと知り合いだと知る。ミッシェルはそのとたん、グウィネスが役を得たのは父親のコネのおかげだと思い込み、優れた役者だから役を得たという可能性を除外してしまう。だが、グウィネスにコネがあり、かつ彼女が優れた役者でもあることは、完全にありうる話だ。

この種の除外は、絶えず行われている。

私たちは心のどこかで、ふたつの原因は相反するものであり、ひとつの原因が存在すると、ほかの原因が一因となる可能性は非常に低い、もしくは関係するはずがないと思っているのかもしれない。

懸命に努力した末に成功した人は、才能がないと思われやすい。私が高校生や大学生だったとき、いつも試験勉強をしていないフリをするクラスメイトがいた。そうやって、実際よりも自分を賢く見せたかったのだろう。

一説によると、モーツァルトに先立たれた夫人は夫が曲づくりの初期の段階に書いた草稿の90パーセントを燃やし、彼は頭のなかで曲をつくりあげてしまうほどの天才だったという逸話を生み出したといわれている。

実際には、モーツァルトが頭のなかだけで曲を完成させていなくても、その才能は誰にも否定できるものではない。

とはいえ、その説が事実ならば、モーツァルト夫人はやり手の広報だったといえる。

ミケランジェロがシスティーナ礼拝堂に描いた天井画について語った言葉にもあるように、「人は費やされた労力がどれほどのものかを知ると、天才と呼ばなくなる」のだ。

「お金のおかげ」と感じると、もともとのやる気がなくなる

ほかの原因を除外してしまう例として、内因性の動機と外因性の報酬の関係もよく挙げ

られる。たとえば家の掃除を好きでやっている子に対し、父親から掃除に対する報酬が支払われるようになると、その子はもう、「好きだから」という理由で掃除をしなくなるかもしれない。

実際、何かに対して短期的に報奨金を受け取ると、その何かを行うパフォーマンスは向上したが、**報奨金がなくなると、報奨金をもらう前より生産性が低くなった**という研究結果がある。[2]

そうなったのはおそらく、生産性が上がったのは報奨金のおかげだと思い込み、報奨金をもらう前に存在していた内因性の動機を除外してしまったからだろう。その結果、報奨金がなくなると、内因性の動機が以前より低い状態になったのだ。

この種の除外をすることは、必ずしもつねに誤りだとは限らない。

実際、現実では除外するのが当然に思える場面が多々ある。誰もやりたがらない仕事を誰かに引き受けさせるには、お金を払ってやらせることになる。つまり、内因性の動機と外因性の報酬には「負の相関」がある。好きで行うことに対しては、報酬が支払われることはほとんどない。私は日の出が見たいので夜明け前に犬の散歩に出かけるのが大好きだが、それをしても誰からもお金はもらえない。

また、同じ結果を出すにしても、才能ある人の多くは、あまり才能のない人ほど必死にならなくても出せてしまうのも事実だ。

ただ、だからといって既知のひとつの原因に注目し、それと同程度に原因となりうるものを自動的に除外していては、何度誤った結論にたどり着くかわかったものではない。

「ジェンダーギャップ」の原因を考える

原因となりうるものを除外することで、他者に害が及ぶことがあると示す具体例を紹介しよう。

2005年、アメリカの財務長官を務めたのちにハーバード大学の学長に就任した経済学者のローレンス・サマーズは、科学におけるジェンダーロールについて発言し、それがかなり物議を醸《かも》した。これが一因となり、彼は学長の辞任を余儀なくされた。

サマーズは、科学における高位の立場(終身雇用が保証された教授など)にジェンダーギャップが存在するのは、「本質的に備わっている能力、とりわけ能力のばらつきの問題」ではないかと発言した。もっというと、たとえ男女の平均値は同じでも、科学で高位の立場に就くうえで必要となる類いまれな才能が生まれつき備わっている人は、女性よりも男性が多いと主張したのだ。

この発言が大学内に物議を醸し、科学の分野において、生まれつき備わっている能力にジェンダー間で真の違いがあるかどうかの議論に発展した。

だが、私がここで考察したいのは、「生まれつきの能力がジェンダーによって違う」という主張が、ジェンダーギャップの原因から「社会経済的な要因（社会の少女や女性に対する期待など）を除外する」ことに使われているという点だ。

ボストン・グローブ紙によると、「サマーズはインタビューのなかで、『行動遺伝学に関する調査から、これまで社会化に帰因すると思われていたことが、社会化によるものではないことが明らかになった』と語った」という。

たとえ真に遺伝的な違いがあるとしても（私は「ある」という意見に賛成しないが、話を進めるためにあえてそのように仮定するとしても）、社会化というプロセスに潜むジェンダーバイアスを、ジェンダーギャップの原因から自動的に除外することにはならない。

そういう不条理な除外が、ジェンダーギャップのさらなる拡大といった悲惨な結果を現実に招いているのだ。

これについては、サマーズの発言から着想を得た実験で示されている。[3]

「思い込み」だけで、数学の点数が落ちた

その実験に協力した参加者は、全員が女性だ。まずは、読解力のテストと偽って参加者に文章の一節を渡して読ませ、その後、数学のテストを課した。

ここで肝となるのが、最初に渡した文章の内容だ。

あるグループには、「男性と女性が、数学のテストで同様に優秀な成績を収めた」ことを示す研究に関する文章を読ませた。別のグループには、「Y染色体に存在する遺伝子の影響により、男性は数学のテストで女性に比べて5パーセンタイル優れた成績を収める」という内容の文章を読ませた。数学のテストを受ける直前に後者の文章を読んだだけで、このグループのテストの点数は約25パーセントも低くなった！　この低下を私の講義に置き換えて考えると、A評価とC評価の違いに相当する。

では、次のグループに注目してもらいたい。3つ目のグループが読んだ文章にも、「男性のほうが数学のテストで女性より優れた成績を収める」とあったが、それは「人格形成期に教師によって偏《かたよ》った先入観を植えつけられた」せいだと続いた。

この3つ目のグループの点数は、「数学の成績にジェンダーによる違いはなかった」とい

う文章を読んだ最初のグループと同レベルのものとなった。

こうした結果が強く示唆するものは何か。

それは、「ジェンダー間には遺伝子的な違いがある」と学んだ2つ目のグループは、「環境の違いもある」という発想を自動的に除外したということだ。この素晴らしい研究から、不適切な無視や除外によってパフォーマンスが低下しうることが、はっきりと見て取れる。

ある現象が起きた原因がひとつ明らかになると、原因となりうるその他の要素は自動的に考慮されなくなる。考慮しなくて正解の場合もあるが、例で示したように、それが明らかに間違っているばかりか、そのせいで損害まで生じる場合もある。

そうした認識があれば、私たちはほかの原因を除外することにもっと慎重になることができる。さらには、ほかに原因となりうるものの作用を積極的に意識して、除外を防げるようにもなるだろう。

「これがなかったら起きてなかった」で納得してしまう

──「必要性」の手がかり

次は、十分条件のコインの裏の存在とも呼べる必要条件について見ていこう。

ある結果にとって必要となる条件は、その結果の原因の有力候補とみなされる。

実際、法制度においても結果を検討する際は、「バット・フォー・ルール」（「〇〇がなければ、XXはなかった」と言えるか？）が基準のひとつとして考慮される。

卵の姿をしたハンプティー・ダンプティーがいまにも崩れそうな塀に座っていると、塀が崩れ、落下したハンプティーの頭が割れた。その壁の持ち主である王はゴルフに夢中になっていて、家来が壁を保全しているかを確認していなかった。ここでハンプティー・ダンプティーの弁護士が、**「王の怠慢がなければ、ハンプティー・ダンプティーは元気なままだった」**ことを立証できれば、王はハンプティー・ダンプティーの怪我の責任を免れない。

このルールは、卵の殻《エッグシェル》みたいに割れやすい頭蓋骨《スカル》を持つ人が些細な事故で亡くなったケースを例に議論されることから、「エッグシェル・スカル・ルール」とも呼ばれ、責任の所在を定める基準としての必要条件の重要性を強調するものとなっている。

ハンプティー・ダンプティーを使ってこのルールを解説する法学者も実際にいるので、私もこのままこの例を使って説明を続けよう。

王の弁護士は、ハンプティー・ダンプティーが怪我を負ったのは、頭蓋骨が割れやすかったからだと反論できる。ハンプティーはしょせん卵だ。少なくとも卵の姿に描かれているのは事実であり、卵が割れやすいことは誰もが知っている。

しかし、エッグシェル・スカル・ルールでは、いくら卵が割れやすくても、責任はやはり王にあることになる。たとえ原告の頭蓋骨が割れやすい状態だったとしても、塀がきちんと保全されていれば怪我を負うことはなかったからだ。

人はこのような反事実的推論〔現実とは異なる事実を想定した推論〕を、裁判所の外でも行っている。そうやって、ある結果を生んだ原因を突き止めようとするのだ。たとえば、「Aが起きなくても、Bは起きただろうか?」「あの店に行かなかったら、あの事故に巻き込まれずにすんだだろうか?」「彼があの仕事に就かなければ、二人は結婚したままだっただろうか?」など。

そうした仮定において結果が違うとなれば、その要素は原因とみなされる。反事実的推論を使って原因を突き止めることに、不合理な点はどこにもない。なにしろ、法制度でも採用されているのだ。

とはいえ、必ずしもすべての必要条件が原因を示しているとは限らない。

たとえば、**酸素は火に必要だが、カリフォルニアで山火事が発生しても、酸素の存在を責める人はいない**。また、人は生まれたら必ず死ぬ。マリリン・モンローが生まれていなければ、彼女が死ぬことはなかった。だからといって、彼女が生まれたという事実が、彼女の謎めいた死の原因のひとつに挙げられることはない。

大量にある必要条件のどれが原因であるかを判断できるようになるには、次に紹介するものを含む、ほかの手がかりを通じて情報を補完しなければならない。実のところ、ここで私が紹介する手がかりはすべて、互いに補完し合う存在なのだ。

「普通じゃないこと」が原因だと思ってしまう

――「異常性」の手がかり

私たちには、めったに起こらないことを原因だとみなす傾向がある。

酸素がまわりにある、人が生まれる、といったことは普通のことである。酸素は私たちを取り巻く空気中につねに存在しているし、人はみな生まれることから人生を始めている。だが、ハンプティー・ダンプティーが座った塀の保全を王が怠ったことは、普通のことではない。王によって王の所有物がきちんと管理されていることが普通の状態とされているから、王の怠慢がハンプティー・ダンプティーの怪我の原因とみなされるのだ。

また、背中の激しい痛みと救急車の大きなサイレンの音は、どちらかひとつだけでもストレスを上昇させるのに十分な理由となる。だが、長年にわたって背中の痛みは抱えているが、サイレンの音はめったに耳にしないという人は、サイレンの音が耳に入ってきたら、ストレスの原因はそれだと非難する。一方、病院の隣に住んでいて、めったに背中に痛みを感じない人は、ストレスの原因として背中の痛みを責める。

この例から、同じ出来事でも、なぜ原因に帰するものが人によってたいてい異なるのか、その理由の一端が見て取れる。**何を普通とし、何を異常とするかは、各人の視点によって変わる**のだ。

たとえば、リンという女性が面接中にピリピリしているように見えたとしよう。普段は冷静で自信にあふれているので、彼女からすると、緊張の原因は面接官の気難しい態度にあった。

だが、大勢の候補者の面接を行う面接官にとって、面接は普通の状況だ。リンがほかの候補者よりピリピリしているように見えれば、面接官は彼女の人柄の評価を下げる。

あるいは銃による犯罪について考えてみよう。

アメリカでは、拳銃、ショットガン、ライフルを合法的に購入でき、州によっては半自動小銃まで買える。銃乱射事件が起きるたびに、乱射した犯人を責める人々がいる。それは、銃所持者でも人を撃つ人はほとんどいないので、乱射した犯人には、心の健康、怒りを抑える能力、価値観など、どこか普通でない部分があるに違いないという論理だ。

しかし、世界の観点から見ると、異常なのは明らかにアメリカという国である。

ジュネーブ国際開発研究大学院の調査プロジェクト、スモール・アームズ・サーベイの2018年の報告によると、アメリカの人口100人あたりの銃所有数は120・5丁で、世界トップだった。この数は、2位のイエメンの2倍、カナダの4倍に相当する。

こうした統計を見るだけでも、アメリカは銃に関して間違いなく何かがおかしい。よって、世界からすると、アメリカで銃が普及していることのほうが、乱射する個々人の性格以上に問題があるように映る。

このように、まったく同じ出来事のことを考えていても、各人が立つ視点によって、異なる因果関係が導き出されても不思議はない。奇妙で理にかなわない因果関係を唱える人を前にしたときは、**その人の視点を通じた世界がどんなものか**を考えてみる必要があるかもしれない。

いずれにせよ間違っている、となる可能性はあるが、少なくとも、その誤った結論にどう達したかは把握できる。それに、他者の視点がきっかけとなって、自分の意見を再考したくなることだって考えられる。

「しなかったこと」より「したこと」のせいにしてしまう
──「行動」の手がかり

原因となりうる候補からひとつを選ぶときに、「しなかったこと」よりも、「したこと」のせいにしてしまうという傾向もある。

典型的な例を紹介しよう。

アイシャはA社の株式を保有している。それを売却してB社の株式を買おうと考え、彼女はそれを実行に移す。その後、B社の株価が急落し、彼女は1万ドルを失う。

一方、ビニタもB社の株式（アイシャが購入したのとまったく同じもの）を保有している。ビニタはA社の株式に買い換えようかと考えたが、結局B社の株式をそのまま持ち続けた。

ビニタも1万ドル失ったが、自らA社の株式からB社の株式に持ち替えたアイシャのほうが、何もしなかったビニタに比べて激しく落ち込むというのは想像に難くない。

このように、**何もしなかったことではなく、何かしたことのほうを責める**例は枚挙にいとまがない。[4] 結果がまったく同じであってもそうなるのだ。

他国の政府が日々2万5000人の無辜《むこ》の民を理由もなく殺害していると知れば、怒りがこみあげ、抗議活動に参加したり、地元の議員に手紙を書いたりして、殺害を止めようとするだろう。

だが、飢餓で日々2万5000人が亡くなっていると記された国連の報告書を読んだときは（これは事実である）、悲しい気持ちになり、ため息をついて首を振るが、それ以上は何もしないのではないか。抗議活動に参加することも、政治家に手紙を書くこともないだろう。

誰かが故意に誰かを殺すのは殺人で、その罪は終身刑や死刑に値する。ところが、救えたかもしれない人が死んでいくのを何もせず見ていることは過失致死罪とみなされ、処罰ははるかに軽くなる。アメリカでは、懲役6か月～10年となる州がほとんどだ。

しなかったことよりしたことのほうを責めたくなるのは、ほかに選べた選択肢を考えるときに、**「取れたかもしれないすべての行動」より、「取らなければよかったと思う行動」のほうがはるかに思い浮かべやすい**からだ。

よって、「政府や殺人犯が道義に反する行動を起こさなかったら、あの人たちは死なずにすんだ」と考える。

一方、「何もしなかった」ということを思い浮かべて、「もしあのとき何らかの行動をしていたら」と考えるのは難しい。たとえ実際に何かしようとしていたとしても、その行動を起こしたことで結果が変わっていたかどうかは誰にもわからない。

何もしないことは、当然ながら目に見えることもないので、特定の出来事を招いた原因として考慮する対象から外れやすい。心の奥底では選択肢はもっとあるとわかっていても、人種差別や気候変動に立ち向かう行動を取らず、権利の侵害を目の当たりにしても報告せず、現状維持に加担している状態は、はっきりと目には見えなくても、何もしないことで害をなす例に相当する。

何もしないことの代償の存在を忘れていては、取り返しのつかない問題が生まれかねない。「正しい行動を起こすことを怠っていては、気候変動を止めることはできない」というのもその一例だ。

また、投票しないことでもそうした問題が生まれかねない。選挙で投票しない人は、自分が投票しなくても害はないと思っているかもしれないが、当選したら多くの人々の生活を変えたかもしれない候補者の票を奪っていることになる。

下手を打つより何もしないほうがましとは限らない。何もしないことが下手を打つことになるときだってあるのだ。

「最後に起こったこと」が原因だと思ってしまう
――「新近性」の手がかり

複数の事象が存在すると、直近に起きたことが最終結果の原因とみなされやすい。バスケットボールでも野球でもサッカーでも、チームメイトやファンから称賛を浴びるのは、接戦で最後に決勝点を決めた選手だ。ユタ・ジャズとの試合で、シカゴ・ブルズを6度目の優勝に導いたマイケル・ジョーダンの決勝ゴールがまさにそうだった。そして、その運命のプレーを防ぐことができなかった敗者は、その瞬間が何度も何度も頭をよぎってひどく苦しめられる。

だが、勝利や敗北は、最後のゴールだけで決まるものではない。試合全体を通して獲得したすべての得点の合計で決まる。

そうはいっても、最後に攻めて得点を決めた選手が栄光を手にし、最後に外した選手が試合全体の責めを負う。

試合終盤の逆転をかけたプレーや守り切るプレーには大きなプレッシャーがかかるので、重要視されて当然だ、と思うかもしれない。たしかに、そういう場面はあるだろう。しかし実験によると、**ほとんどの人が、明らかに不適切なときですら時間的な順序を重んじる**という[5]。

ファース、セカンドという名の二人が、それぞれコインをトスすることになった。コインの面が表か裏で揃ったら、二人とも１０００ドルずつもらえる。コインの面が揃わなければ、何ももらえない。

ファースが最初にコインをトスし、表が出た。次にセカンドがコインをトスすると、残念ながら裏が出た。これで１０００ドルは泡と消えた。

非は誰にあるか？　そう尋ねると、ほぼ全員（92パーセント）が「セカンド」と答える。

ファースとセカンド、どちらのほうがより強い罪悪感を抱くべきか？　この問いにもやはり、大多数が「セカンド」と答える。

私がセカンドの立場なら、悔しいと思うだろう。だがファースの立場なら、怒ってセカンドに５００ドル払えと詰め寄るかもしれない。彼が招いた結果を思えば、弁償して当然ではないか。

ところが、コインの面が揃わなかったことをセカンドのせいにするのは理にかなっていない。ファースにも、セカンドと同じ裏の面を出せなかったという点で同様に非がある。

もっといえば、どちらも責められるべきではない。コイントスの結果は偶然生まれるものであり(特定の面を出すことは誰にもできない)、何ものの影響も受けない(先に投げられたときに裏になっても、コインはそのことを覚えていない)からだ。

しかしながら、このように時間的な順序が結果にまったく関与しないケースであっても、直近の事象が非難されやすい。

なぜそうなるのか?

複数の出来事が順に起こるとする。たとえばAがBを招き、BがCを招き、CがDを招いたとしよう。この場合、Dという最終結果を招いたのは事象Aだけではなく、A、B、Cと順に起きた結果としてDが生じた。そうすると、結果Dの原因をAだけに担わせることに抵抗を感じる。事象BやCが起こらなかったら、たとえ事象Aが起きていたとしても、結果Dは生まれなかったからだ。だが、AやBが起こらなかったとしても、Cが起こればDが生じる可能性はある。こうなると、AやBよりCを原因にあげる気持ちが強くなる。

しかしコイントスの問題は、私たちが、因果関係のない出来事の連続に対してもそうした考え方を適用してしまうことにある。

ファースがコインを投げて表が出たことは、セカンドが投げて裏が出たことの原因ではない。両者のコイントスは、等しく独立してそれぞれの結果をもたらした。

アメリカンフットボールでは、接戦を繰り広げている試合を最後にひっくり返すタッチダウンのことを「ウイニング・タッチダウン」と呼ぶが、**実際にはそのひとつ前のタッチダウンも、等しく勝利《ウイニング》に貢献している。**

直近の事象を重視しすぎてしまうと、順序が無関係な場合でも、その状況を招いたほかの要素に目が向かなくなり、それらを正しく称賛または非難する機会が失われてしまう。

「ほかのことができたのに」と考えてしまう

——「可制御性」の手がかり

この章で紹介する最後の手がかりについて説明を始める前に、そもそも人はなぜ「原因を問う質問」を投げかけるのか、という点について考えてみたい。その答えがわかれば、これから説明する最後の手がかりの基本的な使い方が頭に入りやすくなると思う。

私たちはなぜ、因果関係を推論することに絶えず一生懸命になるのか？　たとえば、恋人が夕食に遅れたときに、それは車が故障したせいなのか、夕食の約束をすっかり忘れていたせいなのかが、なぜ気になるのか？

因果を推論する重要な目的のひとつが、「未来に起こることのコントロール」だ。誰だって、出来事が起きた原因を特定し、災難を避け、いい結果を繰り返し導きたい。

恋人が夕食に遅れたのは「車が故障したせい」だとわかれば、相手がデートを自分ほど楽しみにしていなかったとわかったときに比べて、このまま関係を続けたいと思うだろう。遅刻の原因が、恋人との関係を続けたいかどうかの判断材料のひとつになるというわけだ。

このことから、私たちがふだん使っている重要かつ役に立つ手がかりが見えてくる。

それは、自分にコントロールできるかどうかだ。私たちが結果をある原因に帰そうとするのは、それによって未来に取るべき行動を知りたいからなので、**自分でコントロールできないことは基本的に非難しない**。

たとえば、熱い鍋の蓋《ふた》を取ろうとして指にやけどをすれば、鍋つかみを使わなかった自分を責め、次にその鍋で料理するときは鍋つかみを使おうと考える。やけどに対し、そもそも指があるせいだ、または指に熱が伝わったせいだと責めたりしないのは、身体の構造や物理現象は自分にコントロールできることではないからだ。

蓋の取っ手をやけどするほど熱くなる構造にしたとして、鍋の製造業者を非難する可能性はなきにしもあらずだが、私ならその鍋を買った自分のほうを責めたくなると思う。取っ手に熱が伝わらないタイプの鍋に買い替えることはできても、製造業者が下す判断に、私は一切関与できないからだ。

このように、私たちには自分にコントロールできると思える要素を責める傾向があるが、そのせいで、同じ結果に対してまったく違う感情が生まれることがある。[6]

スティーブンが仕事から帰宅する途中で、事故による交通渋滞に巻き込まれたとしよう。ようやく家に着くと、妻が心臓発作を起こしていて、命を救えなかった。当然ながら、スティーブンはひどくつらい気持ちになる。だが、帰宅が遅れたのは渋滞のせいで、それは彼のコントロールが及ばないものだ。よって、悲しみは感じても、罪悪感は覚えない。

では、このシナリオを少々変えてみよう。帰宅が遅れて妻の命を救えなかったところは同じだが、遅れたのは、ビールを買いに店に立ち寄ったせいだったとする。

そうなると、スティーブンは生涯にわたって妻の死は自分の責任だと自分を責め続け、「あのとき、ああしていれば……」と何度も考えてしまう可能性が高い。

自分でコントロールできる要素を責めることは、恐ろしく悲劇的な結論につながることもある。犯罪の被害者には、自分を責める人が大勢いる。悪質な犯罪者ジェフリー・エプスタインの被害に遭った女性の一人が、ＮＢＣの情報番組「トゥデイ」のインタビューに答えたときのことだ。彼女は14歳で彼に「マッサージ」を行うようになり、のちに彼は彼女をレイプした。

インタビュアーは彼女に対し、「あなたの頭に、レイプという言葉はよぎりましたか？

当時、その認識はありましたか?」と尋ねた。彼女の返答は次のようなものだった。「いいえ、なかったと思います。私はただ、自分のせいだと思っていました」

被害者が自分を責めることについては、社会学的にも文化的にも多くの説明がある。だが因果の推論の観点からいえば、**加害者の言動より自分自身の言動を「しなければよかった」と考えるほうがイメージがしやすい**からこうした発想になる。

被害に遭って生き延びた人は、「いつもより多めに飲まなければ」や「あのとき笑顔を見せなければ」と考えてしまう。そういう行動は、彼らの頭のなかでは自分でコントロールできたかもしれないことなのだ。一方、加害者の言動を変えることははるかに難しい。よって、明らかに加害者に非があっても、被害者は自分を責めてしまうのだ。

つらい難問「なぜ私なのか?」

因果の推論は、ときにはとても簡単にできる。先ほど紹介した、ジャックが叫び声をあげた原因を、ジルが氷水をかけたせいだと判断するケースがいい例だ。その半面、女性科学者の数が少ない原因など、もっと複雑なものもある。本当に難しい問題になると、どれだけ手がかりを使っても、原因はわかりようがないと感じるだろう。そこで最後に、原因を見出すことが不可能に近いケースについて考えてみたい。

原因を問う質問でいちばんの難問は、おそらく「なぜ私なのか?」という問いだろう。悪いことが次々に起きると、その疑問が自然と頭に浮かぶ。そこから反芻《はんすう》が始まり、同じことをひたすら考え続けるが、原因を突き止めたくなる疑問が増える一方だ。「なぜこれが自分の身に起きているのか?」「なぜ自分はそこに入れなかったのか?」「なぜこのことに悩まされるのか?」「なぜ自分は前に進めないのか?」……。答えが出ないであろう疑問の答えを探し続けていると、どんどん嫌になっていく。

イエール大学の同僚で、53歳で亡くなったスーザン・ノーレン・ホークセマは、臨床心理学の分野で画期的な調査を実施した。それにより、こうした反芻がいかにしてうつを招くかが明らかになっている[7]。

その調査には、うつのレベルが異なる大学生が協力した。そして、中程度の精神不安を有する学生をひとつのグループとした。具体的には、うつ病と診断されるとは限らないが、何らかのうつ症状を見せたことがある学生たちだ。そして、精神不安が見受けられない学生たちをもうひとつのグループとした。

調査に協力した学生は、「自分の現時点のエネルギーレベル」「自分の感情が意味するところ」「自分が特定の反応を取った理由」というように、自らの思考や感情について考えるよう指示を受けた。いずれも中立的な質問で、抑うつ的な思考に誘導する意図は含まれていない。

彼らは、8分にわたって思考や感情を反芻した。

この実験は、うつ症状がある人は試さないほうがいい。というのは、反芻後に彼らのうつのレベルを測定したところ、自分がマイナスの感情を抱く理由について考えただけで、もともと症状が見受けられた学生に、以前よりはるかに深刻なうつ症状が現れたのだ。

一方、もともと精神不安が見受けられないグループの学生に関しては、反芻によってうつ症状が現れることはなかった。しかし、ふだんは明るい人でも、嫌なことがあったときや嫌な気分のときは、「なぜ」という自問をふだんよりしてしまいがちなので、反芻の影響を受けることはありうると思ったほうがいい。

だから「嫌なことばかり」考えてしまう

うまくいったこと、たとえば難しい試験に合格したことや、契約が無事に締結された理由を突き止めようとしたところで、睡眠は奪われない。

だが、失敗したり、不安な気持ちでいたりすると、「なぜ」への執着が始まる。

事実、慢性的にストレスを抱えている人、たとえば、愛のない結婚生活を送っている人や経済的な問題を抱えている人、仕事に不満のある人ほど、反芻する傾向が強い。

そうなる理由はシンプルで、私たちは問題を解決し、同じ過ちを防ぐ目的で原因を突き止めようとする。反芻すれば、原因が明らかになると思っているのだ。

だが残念ながら、**反芻は、実際には問題を有効に解決することの妨《さまた》げになる**という研究もある。[8] これは確証バイアスが関係しているようだ。人は気分が落ち込んでいると、その気分を裏付ける記憶のことを何度も考えてしまうのだ。

自分を信じられないときに、問題を建設的に解決するのは至難の業だ。反芻しても解決策や原因の発見にはつながらないので、未来に対する不安や絶望が強まり、アルコール依存や摂食障害に陥るおそれもある。

原因の究明がひときわ難しく、**答えが見つかりそうにない問題に建設的に取り組むには、そこから距離を取る**のもひとつの手だ。

問題を反芻すれば、そのなかに入り込んでしまう可能性が高い。たとえば、自分が悲惨な目に遭った理由を突き止めようとすれば、当時の体験を何度も思い出すことになる。そうなれば当然、つらい感情のすべてがよみがえる。

そうして問題に入り込むと、感情が激しく消耗し、解決に必要となる視点を維持できなくなり、解決に集中することが難しくなる。

問題を解決するには、むしろ問題から距離を置くほうがいい。たとえ問題の当事者が自分だけだとしても、一歩引いて他者の視点に立つことはできる。

「他人の目」で状況を観察する

別の分野で行われた実験の参加者に与えられた指示を紹介しよう。

その実験は、人間関係の衝突を解消するうえで、自分と距離を置くことの有効性を実証したものだ。[9] 参加者は、誰かと衝突して激しい怒りや敵意を感じたときのことを思い出すよう求められた。

そのうえで、ひとつのグループは次のような指示を受けた。

「その体験から少し距離を置いてください。その衝突が再び起きている状況を想像して、離れたところから観察してみてください」

そうして新たな視点に立つと、さらに指示が続いた。

「離れて観察しているときに浮かんだ感情について、さらには、そういう感情が生まれた理由について考えてみてください」

すると、衝突した出来事を自分のこととして思い出すように指示されたもうひとつのグループに比べて、意識的にも無意識的にも、覚えた怒りの量が格段に少なかったという。

さらに、**距離を置いて自分を見ることには長期的なメリットがある**ことも判明した[10]。

その実験の参加者は、距離を置いて自分を見る実験の1週間後に再びラボに集まった。そして、怒りや敵意を覚えた出来事を再び思い返した。ただし今度は、距離を置くようにとの指示はなかった。

だが、明白な指示がなかったにもかかわらず、最初の実験で距離を置くよう指示された人々は、指示されなかったグループに比べてマイナスの感情を口にすることが著しく少なかった。一度自分から距離を置いて、視点を変えて当時の状況を見たおかげで、その新たな視点がまだ残っていたようだ。

「たったひとつの答え」を追求しない

とはいえ、大きな謎がまだひとつある。

答えが見つかる質問と、そうでない質問とはどうやって見分ければいいのか？

厳密にいうと、原因を問う質問において、答えが見つかるものはひとつもない。どんな結果に対しても、真の原因が明らかになることは絶対にないからだ。

反事実的推論というかたちで、ウィルソン大統領がスペイン風邪にかからなければホロコーストは起きなかったかどうかを検討することはできるが、その正否は決して明言できない。

ほかのことはすべて同じままで、過去の何かをひとつだけ変えることは不可能だ。それができたことも、できるようになることも絶対にない（だから私は、タイムトラベルが登場する映画やドラマは大嫌いだ。主人公の想定どおりにものごとが進むことなどありえない）。

もっとシンプルで、歴史的でもない因果関係についても、**原因はこれだと100パーセント確信できることは絶対にない。**

サラが祖母から誕生日に100ドルもらい、喜んでいるとしよう。

ところが、サラ本人すら気づいていないが、彼女が喜びを感じているのは、天気がいいからかもしれないし、ついさっきかわいいトカゲを見たからかもしれない。あるいは、誕生日ケーキを食べられるという期待から喜びを感じているとも考えられる。

そうはいっても、目の前で因果関係が生じることもある、と思っている人もいるだろう。

赤い玉が黄色い玉に向かって転がっていき、ぶつかると、黄色い玉が動き出す。

これは、赤い玉が黄色い玉が動く原因となった瞬間ではないのか?

だが18世紀に活躍したスコットランドの哲学者、デイヴィッド・ヒュームが言ったように、たとえ因果関係と思われる事象を目の当たりにしても、そのひとつの出来事が別の出来事を引き起こしたという保証はない。黄色い玉は赤い玉以外の何らかの力で、あるいは黄色い玉自身の力で動いたのかもしれない。因果関係の知覚は幻想なのだ。

原因を問う質問に対する正解が見つかったと思っても、それはせいぜい、次によく似た状況で同じ結果を出したい場合にすべきこと——あるいは、次は違う結果を得たい場合に避けるべきこと——の最適解でしかない。

そのため、原因を問う類いの質問で、答えを探す価値のあるものとなると、未来に取る行動の指針となる見識を得られる質問くらいのものだ。

この先同じ状況に遭遇することはありえないのなら、答えをひとつに絞ることは不可能なうえに無意味だ。

起きたこと、それも起きてほしくないのに起きてしまったことの原因に執着するのをやめたら、離れた視点からその出来事を見つめられるようになる。そうなれば、自責や後悔といった負の感情から解放され、次に厄介な状況に遭遇したときには、解決に向けて建設的に行動できるだろう。

Chapter

04

危険な「エピソード」

「こんなことがあった」の悪魔的な説得力

私は講義でたくさんの事例を活用する。それは、そうすることが有益だと認知心理学の調査で明らかになっているからだ。真に迫る事例は、文脈から切り離された抽象的な説明よりも説得力があるほか、理解しやすく印象に残りやすい。その一例として（やはり例を使わずにはいられない）、次の一節を読んでみてほしい。

目的を達成するためには大きな力が必要となるが、そういう力の直接的な使用が妨げられる場合は、たくさんの小さな力をさまざまな方向から使って達成できることもある。

とても抽象的で、何の脈絡もない文章だ。理屈は通っているが、これが当てはまる状況がどういうものかはよくわからないので、明日になってこの一節を思い出す人はおそらくいないだろう。では、次のストーリーを読んでみてほしい。

とある小さな国が、堅固な要塞から命令を下す独裁者の支配下となった。要塞は国の中心部に位置し、農場や村に囲まれていた。要塞からはたくさんの道が、車輪のスポークのように放射状に伸びている。

そこに、一人の優秀な将軍が立ち上がった。国境で挙兵し、要塞を攻め落として独裁者からこの国を解放すると宣言したのだ。

直ちに大軍で要塞を攻撃すれば攻め落とせると将軍にはわかっていた。そこで、要塞につながる一本の道の入り口に兵を集結させ、攻撃の準備を整えた。

ちょうどそのとき、将軍の放っていたスパイから気がかりな報告が届いた。残忍な独裁者が、要塞につながるすべての道路に地雷を設置したというのだ。

とはいえ、地雷は少人数であれば安全に通れるように配置されているという。独裁者側でも、兵や労働者を要塞と行き来させる必要があるからだ。隊列を組んでいけば、地雷に当たる。そうなれば大勢の兵士が命を落とし、道路が通れなくなるばかりか、その腹いせに、独裁者の手で多くの村が破壊されるだろう。

大軍をあげての直接攻撃は、どう考えても不可能だ。

そこで、将軍はシンプルな計画を立てた。兵をいくつもの小隊に分割し、要塞につながるそれぞれの道に送り込むのだ。

全員が配置につき、将軍が合図を出した。各隊が一斉に要塞に向かって歩き出すと、彼らはまったく同じタイミングで要塞に到着した。

この描写では、最初に示した抽象的な説明と概念的に同じ主張がなされている。簡潔さの点では劣るが、文章の魅力と印象の強さではこちらが勝る。**具体的な事例は、抽象的な記述に比べてはるかに影響力が強く、頭に残って離れにくい。**

それに、説得力も強い。

1969年、アメリカ連邦議会で公衆衛生紙巻きタバコ喫煙法が承認され、タバコのパッケージに「警告：公衆衛生局長官により、喫煙はあなたの健康を脅《おびや》かすと断定されました」と明記することが義務づけられた。

だが、この警告文では漠然としすぎていて、効果はほとんどなかった。

そして1984年、包括的喫煙教育法が制定され、具体的な警告（例：タバコは肺がん、心疾患、肺気腫、妊娠合併症、胎児の健康被害を招きます）の表示が義務づけられた。しかし、警告が具体的になっても、どこか空虚で当たり障りのない感じがする。それが目に入っても、ハッとはさせられない。

オーストラリアでは、タバコの警告文に写真の添付が義務づけられている。

たとえば、棒みたいな腕をした未熟児の鼻に酸素チューブがつながれている写真や、口腔《こうくう》がんと咽頭《いんとう》がんに関する警告の脇に、おぞましい緑色の歯の写真が添えられているという具合だ。こうした**不快な画像を提示することの効果は、科学的に実証されている。**

アメリカのCDC（疾病予防管理センター）は、「元喫煙者からのアドバイス」という名称のキャンペーンを通じて元喫煙者の声を発信した。ある人は電気式人工咽頭を通じて、咽頭がんを患った末に咽頭を全摘出したと話した。また、心臓血管手術で胸にできたまだらな痣《あざ》を見せた男性もいれば、口腔がんのせいで半分除去された下顎を見せた女性もいた。

このキャンペーンによって、禁煙を試みる人の割合が12パーセントまで増えたという。[1]

2020年3月、FDA（食品医薬品局）もとうとう、タバコのパッケージに表示する警告に、喫煙が健康を脅かす現実をリアルに伝える画像の添付を義務づけた。

エビデンスより「友だちの話」を信じてしまう

真に迫る事例は、何かを伝えて納得させるときに素晴らしい力となってくれるものだが、この章では、それに潜む危険性について見ていく。

具体的な事例やエピソードは影響力を発揮しすぎることが多々あり、そのせいで、合理的に行動するという重要な原則を破る人が出てきてしまうのだ。

2020年は、「祖父がコロナの検査で陽性だったけど、1週間で治った。しょせんはただの風邪だよ」「マスクを一度もしないまま、コロナにかかっていない友人がいる」といった言葉をよく耳にした。

多くの人にとって、多数のサンプルに基づく科学的なエビデンスより、知人から耳にするひとつやふたつのエピソードのほうが説得力がある。

SNSを使っている人なら、友人が投稿するおしゃれな観光スポットや食べ物、飲み物の写真は、入念な計算のもとに撮られた瞬間であって、それが彼らの日常ではないと合理的な思考で理解している。

それでも、アクアマリンの色をしたプール、トロピカルドリンクの横に置かれたシャネルのバッグ、満面の笑みを浮かべた友人の顔を見ていると、彼らが自分たちと同じように、不安や怒り、ときおり再燃する下痢や便秘に対処している姿はとても想像できない。

真に迫る事例やエピソードに過剰に影響されないようにするために、一部の研究者は、「なぜそこまで強い影響を受けるのか」と考えている。

そのなかには、人は抽象的な概念ではなく、自分自身で体験したことや知覚したことを通じて思考を組み立てていくからだと主張する人がいる。

つまり、**人の思考は基本的に、自らの視覚、触覚、嗅覚、味覚、聴覚で感じ取れるものに基づいて行われる**ということだ。

たとえば、口腔がんを患っている人の口元の写真には説得力があり、こちらまで歯茎の痛みを覚えそうになる。

タバコのパッケージにこの種の写真を提示することに私は賛成だが、そういうやり方には、2021年4月にニュースになった、「3人の子を持つ母親が、J&J（ジョンソン・エンド・ジョンソン）のコロナ用ワクチンを接種したのちに血栓ができて死亡した」といった話を無視できなくさせるという側面もある。

このニュースひとつを見聞きするだけで、J&Jのワクチンを接種した680万人中、致命的な血栓ができたのは6人だけというCDCの統計資料が無効になりかねないのだ。

それでは、問いのフレームを変えて考えてみよう——具体的な事例より抽象的な統計データのほうが、私たちに与える影響が小さいのはなぜなのか？

「データサイエンスの思考法」で考える

私たちが統計データに動かされない主な理由は何かというと、大半の人がその数字を完全には理解できないからだ。

日々の生活のなかで、明らかに理屈に合わない判断を下さないようにするためには、そうした資料の数字をより深く理解する必要があり、そのために知っておくべき概念が少なくとも3つある。

その3つとは**「大数の法則」「平均への回帰」「ベイズの定理」**だ。

こうした専門的に思える言葉を目にするだけで、げんなりする人もいるだろう。

だが、この3つを学習するとデータ評価の正確さを高めることに実際につながると、調査で実証されている。ここからは、3つの概念を順に説明していこう。大丈夫。事例をたっぷり使って説明するので心配はいらない。

データは多ければ多いほどいい
――「大数の法則」とは何か？

大数の法則は、限られた観測結果から推論せざるをえない場合にとても重要になる法則のひとつだ。その内容はシンプルで、「データは多いほどいい」という意味である。

たとえば新しくできたレストランを評価するなら、1回しか訪れていない状態ではなく、素晴らしい食事を5回味わった後のほうが、優れた店だとより自信を持って結論づけることができる。観測する回数が多いほど、まだ観測していないケースや未来のパターンの予測の精度が高まるというわけだ。

大数の法則は直感的に理解できるものなのに、その存在はしょっちゅう忘れられている。この法則を無視して、ひとつのエピソードを信じてそれにならう、といった実例ならいくらでもある。すでにいくつも紹介したが、さらにいくつか提示しよう。

スタートアップの大多数は、失敗に終わる。語る人によって具体的な数字はばらけるが、失敗する確率は70〜90パーセントだといわれている。

しかし、3人の若者がマットレスのレンタルから始めてエアビーアンドビーを創業、2020年の時点で時価総額310億ドルにもなっているというストーリーひとつで、起業して裕福になることを多くの人が夢想する。

気候変動についても同じだ。

何千年にもわたって大気中の二酸化炭素濃度、平均気温、海面が上昇しているということを示す統計データが大量にあるというのに、たった1回の吹雪だけで、アメリカ合衆国大統領に「地球オンダン化（Global Waming《原文ママ》）は何をしてるんだ？」とツイートさせる力がある。

これに対するコメディアンのスティーヴン・コルベアの返信は秀逸だった。

「地球が暖かくなってるなんて嘘ですよ。だって私は今日、寒かったですから！　そうそう、いい知らせがありますよ。私が食事をしたので、世界の飢餓は撲滅されました」

事例を信用しすぎることの問題を示すにあたり、エピソードを引用するだけでは不安が残るので、科学的なエビデンスについても触れておきたい。こちらは、大規模なサンプルに対してしっかりと制御された環境で実験を行ったうえで得られたものだ。

大学生を対象に、彼らが非常に関心を寄せている情報を与える実験が行われた。[2]その情報とは、講義についての評価だ。

たいていの大学は学期末になると、学生にさまざまな面から講義を評価してもらうようにしている。

実験では、ひとつのグループには、実際に講義を受講した先輩学生たちによる平均的な評価の情報が与えられた。たとえば、「この講義の平均的な評価（登録学生119人中112人の回答に基づく）：良」という具合だ。

そしてもう一方のグループは、講義を受けたひと握りの学生が感想を述べている動画を視聴した。たとえば、「私は学習と記憶の講義を受講しました。評価は良です。学習と記憶に関することはだいたい網羅されていますが、一般的な内容が多く、期待するほど深い知識は得られないかもしれません。正直、つまらないと思うときもありましたが、学んでよかったと思えることが多かったです」という具合だ。

その後、全学生（評価の情報のみを与えられた学生と、実際の感想を聞いた学生の両方）に来年以降に受けたいと思う講義を選択させた。

その結果、**講義の平均的な評価より個々人の感想を述べた動画のほうが、学生の選択に多大な影響を及ぼした**ことがわかった——実際には、講義の平均的な評価のほうが、多くの学生の実体験に基づくものなのに。

「身元のわかる犠牲者」の絶大な影響力

大数の法則を大事に思う気持ちを胸に、さらに別の研究も紹介しよう。

こちらの研究では、事例が推論に影響を与えることを認識した場合、ひとつの事例に過剰に影響を受けることを避けられるかどうかも検証した。[3] つまり、実験の参加者をこの章を読んでいるみなさんと同じような状態にしたうえで、実験をしたということだ。

参加者は、アンケートにすべて回答したら5ドルもらえると告げられた。アンケートは実験とは何の関係もない。回答を終えると、彼らは5ドルを現金で受け取った。

ただし、その現金が入った封筒には、国際援助団体のセーブ・ザ・チルドレンから寄付を募る手紙が同封されていた。それにはアフリカ南部で起きている食料危機について書かれており、参加者はその手紙をじっくり読むように指示された。

ひとつのグループには、セーブ・ザ・チルドレンのウェブサイトに掲載されている事実情報で構成された手紙が同封された。その内容は、「マラウイで食料が不足し、300万人以上の子どもたちが苦しんでいます。アンゴラでは400万人（全人口の3分の1）が、家を捨てて避難せざるをえない状況に追い込まれています」というものだ。この手紙を読んだ参加者は、平均1・17ドル寄付した。

別のグループには、統計データを一切与えなかった。こちらの手紙には、マリに暮らす7歳のロキアという少女の写真とともに、飢餓のせいで彼女が直面している窮状が描かれていた。**こちらのグループの平均寄付額は、2・83ドルと先のグループの2倍以上の額だった。**

となると、何百万人の情報よりたった一人の情報を提示したほうが、アフリカ南部の食料危機について説得力があったという解釈が成り立つ。それが事実なら、大数の法則に反することになる。

この実験では、もうひとつ別のグループが設けられた。

こちらの人々には、2番目のグループに見受けられた「**身元のわかる犠牲者効果**」について説明し、人には個人を識別できる情報に強い反応を示す傾向があると教えた。

はたして、この効果の不合理性を学んだら、その影響を払拭《ふっしょく》できるのか？

さらに、与える条件を変えることで、彼らを2グループに分けた。

ひとつのグループは、何百万もの人々が苦しんでいるとわかるデータを読み、もうひとつのグループは、7歳の少女ロキアに関するストーリーを読んだ。ただし、どちらのグループの参加者も、次の文章も読むよう指示された。

調査を通じて、人は一般に、問題を抱えている人に関する統計データより、問題を抱える特定の人に対して強い反応を示すことが明らかになっている。たとえば、1989年にテキサス州で「ベイビー・ジェシカ」が井戸に落ちたとき、彼女の救出作業のために送られてきた寄付金の総額は70万ドルを上回った。一方、統計データに対しては、たとえば今年も交通事故で何千という子どもが亡くなることはほぼ間違いないという情報に対し、それほど強い反応が起こることはめったにない。

この「ベイビー・ジェシカ」の文章によって、違いがひとつ生まれた。ロキアに関するストーリーを読んだグループの平均寄付額が、1・36ドルに減ったのだ。

また残念ながら、この文章を読んでも、事例ではなく統計データのみを与えられたグループの平均寄付額は増加しなかった。

具体的な事例の効力について学習したことで、参加者の合理性は多少はよくなったかもしれないが、セーブ・ザ・チルドレンに対する寄付の総額によい影響は生まれなかった。

要するに、**「身元のわかる犠牲者効果」の不合理性について学習しても、規模の大きな情**

報の影響を強く受けるようにはならなかったのだ。

こうした理由から、セーブ・ザ・チルドレンをはじめとする多くの組織のウェブサイトは、統計データに加えてストーリーを掲載し、かわいい子どもの写真を添えている。寄付を募るためには、そうするのが最善の方法なのだろう。

こうすれば、もっとデータを信じたくなる

ところが別の研究によると、データを求めたくなる気持ちや、データを信用する気持ちを高める方法が実在するという。[4] 何をすればいいかというと、**大数の法則が合理的である理由を教える**のだ。この研究の詳細を語ってもいいが、鮮明に記憶に残る説明にしたいので、あえて私自身の体験を「事例」として紹介しよう。

私は息子が5歳のときに、息子を初心者アイススケート教室に入会させた。息子は氷上に立って数歩前に進めるようにはなったが、3年目が終わろうとするときになっても、それ以上のことはできなかった（いや、3回目の間違いではなく、本当に3年目の話である）。

息子が7歳になると、サッカー教室にも通わせた。息子が出ている試合を見ていると、

息子はボールが飛んでくるたびにボールから逃げていた。

これらの事例から、息子はスポーツに興味がないと考えるのが当然に思えた。だが、「大数の法則」を踏まえれば、あらゆるスポーツを考慮する必要がある。スポーツはサッカーとアイススケートだけではない。テニス、バレーボール、野球、バスケットボール、サーフィン、カーリング、ボート、ロッククライミング、ボブスレー、馬場馬術、アーチェリー、これでもまだほんの一部だ。

仮に、この世に100種類のスポーツがあるとしよう。統計学ではこれを「母集団」と呼ぶ。要は、考慮の対象となる集団の全体だ。私はアイススケートとサッカーという2つのサンプルについて観測しただけで、スポーツ全体についての推論を立ててしまったのだ。

ごくわずかな数のサンプルに基づいて、母集団全体に対する一般化を行うことには問題がある。 100のスポーツという母集団のうち、息子が興味を持つスポーツが実際には60あるとしたらどうか。そうして半数以上のスポーツを楽しめる素養があるとしても、母親が彼のために選んだ最初の2種類のスポーツがそこに含まれていない可能性は低くない。なにしろ、好きになれそうにないスポーツだって40もあるのだ。

私の息子の場合は、高校でスポーツへの参加が全生徒に義務化されていたのがよかった。息子は陸上競技のクロスカントリーチームのキャプテンを務め、以来ずっと走ることが習慣になっている。いま思えば、サッカーのときにボールから逃げていたように見えたのは、たんに走ることが好きだっただけなのかもしれない。

幸運は永久には続かない
――「平均への回帰」とは何か？

次に紹介する「平均への回帰」は、簡単に理解できるものだとは言い難い。

私が初めてこの概念を学んだのは大学生のときだったが、正直いって、理解できていたとは思わない。数十年にわたって自分で教えてようやく、この概念の説明の仕方がわかった。

それでは早速、平均への回帰の例としてよく使われる、**『スポーツ・イラストレイテッド』の表紙のジンクス**」という現象の説明から始めよう。

月刊誌『スポーツ・イラストレイテッド』の表紙を飾った個人やチームは、その直後から調子を崩し始めることが多いという。

たとえば、２０１５年8月31日に発行された『スポーツ・イラストレイテッド』では、セリーナ・ウィリアムズが表紙を飾った。

世界トップクラスのテニス選手である彼女がサーブトスをあげたボールをじっと見つめている写真で、「セリーナから目が離せない」との見出しがついている。

記事の本文はこう続く。「セリーナは彼女のテニス人生初となる、年間グランドスラムを達成するチャンスを手にしている。（中略）今年のセリーナは、全豪オープンの決勝でマリア・シャラポワを倒し、全仏オープンの決勝でルーシー・サファロバを倒し、ウィンブルドンの決勝でガルビネ・ムグルサを倒した」

ところが、この号が売店に並び始めると、セリーナは全米オープンで決勝に進む前にイタリアのロベルタ・ビンチに破れた。

2017年9月4日号の『スポーツ・イラストレイテッド』では、スーパーボウルで4回目のMVPを獲得し、当時すでにNFLのMVPも2回受賞していたトム・ブレイディが表紙を飾った。

その年はまだニューイングランド・ペイトリオッツに在籍していて、表紙の見出しは新シーズンの開幕に伴い、「ペイトリオッツの悩み：破竹の勢いの王者の快進撃は止められてしまうのか？　答え：ノー」となっていた。だが、これも間違いとなった。ペイトリオッツは開幕戦で、カンザスシティ・チーフスに42－27で負けてしまう。

「ジンクス」が生まれるからくり

たった2つしか例をあげなかったが、大数の法則を忘れたわけではない。ウィキペディアを見れば、『スポーツ・イラストレイテッド』の表紙のジンクスを味わったチームやアスリートの長い長いリストが掲載されていて、古くは雑誌が創刊された1954年にさかのぼる。

このジンクスが事実なら、なぜそんなことが起こるのだろう？

表紙を飾るほど有名になったチームや選手は、傲慢になって油断するのだろうか。それとも、注目を浴びるせいで過剰に不安になるのか。

だが、**ジンクスは選手のせいというよりも、「平均への回帰」として知られる統計現象**だといえる。それを説明するために、これから極端な事例を提示する。その後に、ジンクスの話に戻ってこよう。

1万人の学生が、100問の正誤判定を下すテストを受けることになった。問題の背景知識を備えている学生はひとりもいない。なにしろ出題されるのは、「ジェニファー・ロペスの社会保障番号の下一桁は偶数である」や、「連邦最高裁判事を務めた故ルース・ベイダー・ギンズバーグは２０１５年にスポーツソックスを15足持っていた」といった問題だからだ。学生はみな、臆測で答えるしかない。

言い換えれば、問題に対する回答能力に学生間で差はないということだ。

とはいえ、正誤のどちらかを選ぶのだから、平均点はゼロにはならない。多くの学生が40〜60点を獲得し、平均点は１００点満点中50点あたりになるだろう。

ただし、非常に稀ではあるが、とびきり運のいい人は臆測で95問正解し、とびきり運の悪い人は5問しか正解を出せない可能性がある。

では、同じ1万人の学生が、再び正誤判定を下す１００問のテストを受けるとしよう。今度もやはり、純粋に臆測でしか答えられない問題ばかりが出題される。

最初のテストで95問正解した人や、5問しか正解しなかった人には、どんな結果が待ち受けているか？　**最初のテストで95問正解した人が、同じような幸運にもう一度あやかる可能性はかなり低い**。また、95の正解を見事に外した人が、それほどの不運にまたもや見舞われる可能性もかなり低い。よって、最初のテストで極端に幸運だった人の点数は下がり、極端に不運だった人の点数は上がると思われる。

この結果に、学生の知識、モチベーション、不安は一切関係ない。それは純粋に「平均への回帰」と呼ばれる統計現象であり、最初のテストで取った極端な点数は、次のテストでは平均に近づく傾向があるというだけの話だ。

「完璧な記録」を持つチャンピオンはいない

平均への回帰は、臆測で答えるテストを受けるときだけに起こる現象ではない。テストに加え、スポーツのプレーや音楽の演奏などありとあらゆる活動においても、各人の能力とは別に、パフォーマンスに影響を及ぼすランダムな要素は必ずある。

この平均への回帰という統計現象を頭に入れると、『スポーツ・イラストレイテッド』の表紙のジンクスのことがわかってくる。トップアスリートであろうと、ランダムな要素の影響は避けられないのだ。

たとえば、プレー時の条件、日程の優位性、休息や食事の質、どこに跳ねるかわからないボールの動き、個々にばらつく審判の判定などだ。

こうしたランダムな要素がプラスに働くと、真の才能やそれ以上の力が発揮されやすい。まさに、「おお、今日の彼女はどうしたんだ！」と世間で話題になる状態だ。

『スポーツ・イラストレイテッド』の表紙を飾るほどの活躍を見せたアスリートは、たくさんのランダムな要素がプラスに働いたおかげで、目をみはる力が発揮された可能性が高い。

だが**統計的に、その状態が永遠に続くことはありえない**。完璧な記録を持つチャンピオンは一人もいないのだ。

私は何も、トップアスリートは運がいいだけで、運が尽きれば平均的な選手に逆戻りすると言っているわけではない。極めて高いレベルでプレーをしていると、小さな不運ひとつが負けを意味し、そうしてジンクスが生まれても不思議はないということだ。

「間違った原因」のせいにしてしまう

――「回帰の誤謬」とは何か？

平均への回帰を無視すれば、「回帰の誤謬《ごびゅう》」と呼ばれる一種の不正確な原因帰属を行いかねない。

たとえば、有名になったアスリートが負ければ、実際には平均への回帰にすぎないにもかかわらず、**そのアスリートが傲慢になったり練習を怠けたりしたせいだと勝手に思い込む**かもしれない。

反対に、過度に高い評価を与えてしまうことも考えられる。一人の教師が生徒のやる気の向上を目的とした新たな指導法を考案し、前回のテストで点数の低かった生徒たちにその方法を実践したとしよう。

その後のテストで彼らの点数が上がると、その教師は、自分が考案した指導法のおかげで生徒のやる気が向上したと断言する。だが、これもやはり平均への回帰かもしれない。最初のテストで点数が低かった生徒たちには、ランダムな要素がいくつか不利に働いたのかもしれない。何をやってもうまくいかない日だったのかもしれないし、たまたま勉強しなかった範囲の問題が出題されたとも考えられる。

そういう不運な要素のすべてが、次の試験でも再び不利に働く可能性は低い。その教師にとっては残念な話だが、生徒たちの点数が上がったのは単純に、平均への回帰が起きただけかもしれない。

履歴書より「面接」の印象が強くなってしまう

回帰の誤謬は就職面接の場で生じることもある。これぞまさに、この章のテーマである、具体例が厄介な問題を引き起こす格好の例だ。

誰を雇うかの決断は、書類選考や面接などを行ったのちに下されることが多い。最終面接を受ける人たちは、すでに一定の基準に達しているので、彼らのあいだにそれほど大きな差はない。つまり、ランダムな要素によって、誰を雇うかの最終決定が左右されかねないのだ。

面接の最中に、候補者を有利または不利にしかねないものはたくさんあり、そのなかには彼ら自身にはどうにもできないものがたくさんある。

たとえば、その日の出勤時に車内のラジオで耳にした朝のニュースのせいで、面接官の機嫌が悪いかもしれない。私の知り合いの女性は、左右異なる靴で面接に臨んでしまった。慌てて家を出たときに、たまたま異なる靴が隣り合っていたのだという。彼女は面接のあいだじゅう、自分の靴が気になって仕方がなかっただろう。

反対に、着ているシャツの青色が面接官の好みの色だとわかったときや、オーディションの課題曲が一年じゅう演奏してきた曲だとわかったとき、候補者はどんな気持ちになるか想像してみるといい。

候補者の有利にも不利にも働くこうしたランダムな要素とは別に、そもそも**面接には、候補者のパフォーマンスのごくわずかな断片しか見ないという問題がある。**

面接の結果だけに基づいて誰を雇うかを決めるのは、「大数の法則」に反する（学んだ専門用語はどんどん使っていこう！）。しかし、対面でのやりとりは、際立った出来事として鮮明かつ具体的に記憶に残るので、面接官は候補者の真の姿を見ている気持ちになり、それが「ランダムな要素に色づけされた、バイアスのかかった姿」だとは思わない。

面接の日に候補者が見せた、その人の資質のほんの一部にすぎない特徴が面接官の印象に残れば、実績にまつわるデータが蔑《ないがし》ろにされかねない――長年にわたって発揮されてきた候補者のスキルは、データのほうにより正確に反映されているというのに。

面接時は驚くほど優秀に見えたのに、雇ってみるとそれほどでもない、ということはよくある。平均への回帰を踏まえれば、そうなることをある程度は覚悟しておくべきだ。また、面接ではそれほど優秀に見えず（たとえば、靴が左右で異なっていたせいで落ち着きなく見えた）採用しなかったが、逃した魚は大きかったと後から判明するかもしれない。

誤謬を避けるには「大数の法則」を利用する

面接を控えている人は、「面接官がこの章を読んで、自分のことをよく知る恩師が書いた推薦状と履歴書に基づいて採否を判断してくれますように」と祈っているかもしれない。だが、祈るだけがすべてではない。誰かに生じた回帰の誤謬の犠牲にならないために、自分から積極的にできることはある。それは、サンプルの数を増やすことだ。

この世にはランダムな要素がつねに存在するのだから、できるだけ多くの募集先に応募すれば、ランダムな要素が及ぼす影響は相殺され、あなたが持つスキルや経験がありのままに評価されて仕事が見つかる可能性が高くなる。

では、回帰の誤謬に自分が陥ることを避けるにはどうすればいいか？

たとえば自分が面接官の場合は、どのような行動を取るべきか？

可能であれば、**応募者の履歴書だけを踏まえて評価を下すことがいちばん手っ取り早い**。とんでもないことだと思うかもしれないが、実際にそういう評価を下している人を私は知っている。私を雇うと最終的に判断した、イェール大学の採用責任者だ。

彼は、面接を信用していないと私に言った。そして30分というつらく気まずい面接のあいだ、私は自分の教授哲学とリサーチ計画に関する質問を自分で自分に投げかけ、それに自分で答えるしかなかった。その後、採用の連絡が来ると、そのオファーを受けると決め、従来どおりに2日かけて面接をみっちり行ったほかの大学からのオファーは断った。だから、不満は何もない。

もっとも、人を雇う際は、実際には候補者の人となりを確かめたいだろうから、面接の類いを一切行わないというのは現実的な選択肢にはならないかもしれない。

履歴書と推薦状だけでは人間味がなさすぎてよくわからないと感じ、ごく短い時間でも本人に直接会えばよりよい判断を下せると思うかもしれない。だが、実際に対面すれば、そのとき抱いた印象の影響を過剰に受けないようにするのは難しい。

とはいえ、私たちには分別がある。考えてみれば、最初のデートで結婚を決める人はまずいない。要は、平均への回帰を思い出せと自分に言い聞かせればいいのだ。

そうやって、候補者のたったひとつの素晴らしいパフォーマンスを過剰に称賛したり、候補者の靴の選択を過剰に気にしすぎたりしないように注意すればいい。

何度かデートを重ねたうえで結婚に踏み切るのと同じで、**候補者の採用にあたっても、大数の法則に従って彼らを観察する機会を何度か設ける必要がある**ということだ。

複数回にわたって観察するとなれば、時間と労力は余計にかかるが、雇う人を間違えることを思えば、そのほうが結局は安くつき、手間も少なくてすむ。

ムスリムがテロを起こしたら「ムスリムは全員悪い」と思ってしまう

私たちの合理性を高めてくれる3つ目の重要な統計の決まりごとは「ベイズの定理」だ。

これについても事例の提示から始めよう。

1990年以前にアメリカで生まれた人の大半は、2001年9月11日のテロ攻撃を鮮明に覚えている。そのときの映像はテレビで何度も放映された。ビルにあいた穴や道路に立ち込める粉塵《ふんじん》が映し出された。廃墟と化した写真やビルから救出された人々のストーリーが、新聞や雑誌に掲載された。その攻撃によって3000人近くが命を落とし、アメリカの人々はショックに打ちのめされた。

痛ましいことに、その怒りの矛先の一部がアメリカに暮らすムスリムに向けられた。彼らは、テロを実行したアルカイダのようなイスラム過激派集団とは一切関係がないというのに。

ムスリムに対するヘイトクライムは激しさを増していった。モスクに火をつけられ、ベビーカーに子どもを乗せて歩いていたムスリム女性たちが、罵声をあげる女性に襲われた。ミズーリ州のセントルイスでは、ムスリム一家が男性から銃を向けられ、「全員死ね！」と言われた。2015年になっても、「ムスリムに対するヘイトクライムは、いまだ9・11以前の5倍発生している」とワシントン・ポスト紙は報じている。

9・11直後にアメリカ政府が取ったテロ対策も、ムスリムに狙いを定めたものだった。アラブ人、ムスリム、南アジアの人々が暮らす地域で、連邦捜査官による家宅捜索が行われた。何千もの若者が、違法なことは何ひとつしていないにもかかわらず、その民族性だけで逮捕され、拘留され、尋問された。虐待と呼べる状況のもとで数か月にわたって拘束された人もいる。

こうした「エスニック・プロファイリング」（人種に基づく選別）をやめさせる試みは数々行われており、アメリカ自由人権協会は2004年に、「エスニック・プロファイリングに効果はなく、役に立たない」とレポートで発表している。

すべてのコアラが動物なら、すべての動物はコアラか？

――「ベイズの定理」とは何か？

では、なぜエスニック・プロファイリングに効果はないのか？

イスラム嫌悪を擁護する人は、「無差別に全員を調べるという選択肢は現実的ではない」と訴え、9・11のテロ攻撃は中東のテロリストによって実行されたという事実を強調するだろう。

だが確率的にいって、エスニック・プロファイリングはまったく理にかなっていない。

その理由をしっかりと理解するには、確率の理論、具体的には「ベイズの定理」と呼ばれる確率の基本概念を理解する必要がある。

あなたの目の前に何かがあり、それはコアラだということしかわからない。コアラであることを踏まえるなら、その何かが動物である確率はどのくらいになるか？

簡単だ。それが動物である確率は100パーセントである。

では、その逆についてはどうか。あなたの目の前に別の何かがあり、それは動物だということしかわからない。動物であることを踏まえるなら、その何かがコアラである確率はどのくらいになるか？

それは絶対に100パーセントではない。

おめでとう！　あなたはもう、「**条件付き確率**」と呼ばれるものが理解できている。条件付き確率とはその名のとおり、たとえばB（コアラ）という条件下において、A（動物）が真になる確率を意味する。

先ほどの例を通じて、B（コアラ）という条件下でA（動物）が真である確率は、A（動物）という条件下でB（コアラ）が真である確率と同じにならないことが実証された。

この例は実に明快で、この論理はすべての条件付き確率に当てはまる。

だが、世の中ではBという条件下でAが真になる確率と、Aという条件下でBが真になる確率は等しいという誤解が頻繁に生じている。その誤解が生じることを実証した有名な研究は、マンモグラフィの結果の解釈をめぐるものだった。

乳がんを患う女性がいるとしよう。そして、「乳がんを患っている」を事象Aとする。当然ながら、この女性のマンモグラフィ検査の結果が陽性になり、乳房にしこりがあると判明する確率は極めて高い。この「マンモグラフィ検査の結果が陽性になる」を事象Bとしよう。

そうすると、A（乳がんを患っている）の条件下でB（マンモグラフィ検査で陽性）が起こる確率は高い、となる。

だがこのせいで、乳がんを患っているかどうかわからない女性がマンモグラフィ検査を受けて陽性である（事象Bが成立する）ならば、その女性が乳がんを患っている（事象Aが真である）可能性はかなり高いはずだ、と思ってしまう人がいる。要するに、Bの条件下でAが真である確率もかなり高い、と考えるのだ。

しかし、この考えは正しくない。乳がんを患っている（A）という条件下で、検査の結果が陽性（B）である確率が高いからといって、検査の結果が陽性（B）という条件下で、乳がんを患っている（Aの）確率が同じように高いということにはならない。

「新たな証拠」をもとに、意見を更新できる方法

Bの条件下でAが起こる確率はP(A|B)と表し、Aの条件下でBが起こる確率はP(B|A)と表せる。

これらの数値を算出するのに必要となるのがベイズの定理だ。

この定理は、18世紀半ばに英国で長老派教会の牧師を務めながら統計学と哲学を研究したとして有名な、トーマス・ベイズによって発見された。

ベイズが確率論に関心を持った経緯については諸説ある。なかでも私は、「**奇跡を否定した哲学者デイヴィッド・ヒュームをやりこめたかったから**」という説がお気に入りだ。

興味のある人のために、定理の公式について説明した後にヒュームの主張を紹介しよう。

ベイズの定理は、新たなデータBを踏まえて、既存の理論や意見であるAを更新するために使われることが多い。

たとえば、トム・ハンクスが出演している3本の素晴らしい映画を鑑賞したら、トム・ハンクスが出ている映画はどれも素晴らしいと思うかもしれない。ところが、4本目に観た映画はつまらなかった（ハンクス氏には申し訳ないが、あくまでも仮の話だと理解してもら

いたい。私はむしろ彼の作品の大ファンだ）。

こうして新たな証拠が現れると、これを踏まえたうえで、トム・ハンクスが出ている映画はどれも素晴らしいという意見の信頼性を更新する必要が出てくる。ベイズの定理は、その意見を合理的に更新する方法を提示するものなのだ。

それを思えば、この定理がデータサイエンスや機械学習の中枢を担う存在であるのも不思議はない。**新たなデータを観測したのちに、何かに関する意見にどれくらいの信頼を置くべきかを知る**——それがこの定理のすべてだ。

「キリストの奇跡」の確率を考える

ベイズの定理の公式は、アインシュタインの $E=mc^2$ ほどシンプルではなく、むしろ見るとゾッとするもので、直感的に理解できるとも言い難い。

公式に興味はないという人は、192ページの「それでは」で始まる段落まで飛ばしてもらって構わない（ベイズ統計学派の奇跡についての見解を知りたいなら、このまま数学の話につきあってほしい）。

ベイズの定理を公式で表すと次ページ下のようになる。

P(A)とP(B)は、AとBの基準率を意味し、先の例になぞらえるなら、Aは「女性が乳がんに罹患している確率」、Bは「マンモグラフィ検査をした女性が陽性になる確率」を表す。

それからnot-Aは、Aの事象が「ない」こと、つまり乳がんに罹患していないことを示す。

よって、乳がんの例におけるP(B|not-A)は、女性が乳がんに罹患していなくてもマンモグラフィ検査で陽性となる確率を表す（乳房の乳腺の密度が高いと、罹患していなくても陽性となりうる）。

マンモグラフィ検査で陽性になった事例をベイズの定理に当てはめると、乳がんに罹患している女性がマンモグラフィ検査で陽性になる確率、すなわちP(B|A)はとても高い。

仮にその確率を80パーセントとしよう。

一方、乳がんに罹患していない女性がマンモグラフィ検査で陽性になる確率、すなわちP(B|not-A)はとても低い。仮にその確率を9・6パーセントとする。

これらを踏まえると、マンモグラフィ検査で陽性と判定された女性が乳

$$P(A \mid B) = \frac{P(B \mid A) \times P(A)}{P(B \mid A) \times P(A) + P(B \mid not\text{-}A) \times P(not\text{-}A)}$$

がんに罹患している確率、すなわちP(A|B)は０・０７８で、たったの７・８パーセントとなる。

これは驚くほど低い数字だ。これほど低くなるのは、女性の乳がんの基準率、すなわち一般に女性が乳がんに罹患している確率が１パーセントだからだ。先の公式に数字を代入すると下記のようになる。

ここまで確率が低いと、マンモグラフィ検査で陽性と判定されても、さらなる検査が必要になる。この理由も手伝って、年に１回のマンモグラフィ検査を推奨すべきかどうかで意見が割れている。

１９８０年代の初めに、いま公式に当てはめたのと同じ数値を医師に提供し、マンモグラフィ検査で陽性と判定された女性が乳がんに罹患している確率を推定させる実験が行われた。[5]

はたして、医師はより精度の高い答えを算出したのか？

とんでもない。１００人の医師のうちのおよそ95人が、乳がんに罹患している確率を75～80パーセント前後だと答えた。

だがこれほど高い確率となるには、乳がんの基準率が、30パーセントといったとんでもなく高い数字でなければならない。

$$\frac{0.8 \times 0.01}{0.8 \times 0.01 + 0.096 \times (1 - 0.01)} = 0.078$$

つまり、乳がんの基準率が1パーセントではなく、世の女性の3分の1が乳がんを患っていなければ、「マンモグラフィ検査での陽性」が、乳がんに80パーセントの確率で罹患していることにはならないのだ。だが実際には、女性が乳がんを患っている確率ははるかに低く、マンモグラフィ検査での陽性によって実際に乳がんが発見される確率は、10パーセントにも満たない。

この最後に指摘した点が、ヒュームとベイズの論争につながる。ヒュームはキリストの復活の妥当性に疑問を抱いた。「聖書のなかを除けば、**人類史において復活した死者は一人もおらず、また、磔《はりつけ》にされた後のキリストを目撃した人もごくわずかしかいない**」というのが彼の主張だ。

ベイズはヒュームの主張に対する反証は何ひとつ発表しなかったが、現代の哲学者や数学者によると、ベイズは自らが考案した方程式を使って、次のような反論をすることが可能だった。[6]

キリストが復活した確率、すなわちP(A)は高いと信じるのであれば、目撃証言の信頼性が乳がんのマンモグラフィ検査の信頼性と同等であっても、目撃者がいたという条件下で実際にキリストが復活した確率、すなわちP(A|B)は高くなりうる。要するに、キリス

トの奇跡は本当に起きたと主張しても、確率論という合理的な原則に抵触しないということだ。

もちろん、キリストは救世主《メシア》だと信じていないのでP(A)はとても低い、と考えるのであれば、ヒュームの主張は合理的に正しいことになる。

「サンプル数」があまりに少ないのに、誤解してしまう

それでは、ずいぶん回り道をしてしまったが、イスラム嫌悪が不合理で差別となる理由に話を戻そう。

すでに話したように、9・11のテロ攻撃はあまりにも鮮明かつ強烈な印象を与え、人々の心に深く刻まれた。そのせいで、テロ行為があればムスリムの仕業だと考えるようになった人がいるかもしれない。

だが、その考えは誤りだ。それは大数の法則が証明している。サンプル数が少なすぎて、すべて、もしくはほとんどのテロ行為はムスリムの仕業だと結論づけることは不可能だ。

この件に関しては、人々が条件付き確率を混同してしまうことでさらに問題が深まる。

「テロ行為があれば、それはムスリムの仕業だ」という考えから、さらにそれをひっくり返して、「ムスリムであれば、その人はテロリストだ」と考えるようになるのだ。

これは、**「コアラであれば、それは動物である」のなら、「動物であれば、それはコアラである」というくらいバカげている。**

まったく同じではなくても、その動物がコアラである可能性は、動物でないものがコアラである可能性より高いではないか、とムキになる論客がいるかもしれない。

そういう人の理屈はこうだ。無作為に選んだムスリムがテロリストである確率は、無作為に選んだムスリムでない人がテロリストである確率より高くなるはずなので、エスニック・プロファイリングは統計的にも正しいはずだ、と。だが、それも間違いだ。

「取り出しやすい記憶」に影響される

2021年におけるアメリカの成人人口は約2億で、その約1・1パーセントに相当する220万人がムスリムだ。ここでの分析には、アメリカ会計検査院が発表した2017年の報告書を活用する。[7]

その報告書には、9・11直後から2016年末までに起きた、死者を出したテロ事件の数が掲載されていて、この数字が私に見つけることのできた直近の記録だ。それによると、2001年9月12日から2016年12月31日のあいだに、アメリカでは死者が出るほどの過激な暴力事件が85件起きた。その27パーセントに相当する23件は、イスラム過激派によるものだった。

ただし、そのうちの6件は2002年に起きたワシントンDC連続無差別狙撃事件の犯人が起こしたもので、3件はボストンマラソン爆弾テロ事件を起こした兄弟によるものだった。つまり、その期間にイスラム過激派の思想に駆り立てられてアメリカで死者を出す事件を起こしたテロリストの数は、23人にも満たないのだ。報告書のなかで数えたところ、その数は16人だった。

この数字を見て、あまりにも少ないと驚く人もいれば、フロリダ州オーランドのナイトクラブで起きた銃乱射事件や、カリフォルニア州サンバーナーディーノのイベント会場で起きた銃乱射事件といった個別の事件を思い出す人もいるだろう。この2つの事件も数に含まれている。

(テロ事件はもっと起きていたはずだとの思いがまだ払拭できない人は、鮮烈な事例がもたらす「利用可能性ヒューリスティック」の影響を受けている。これは、心理学者のダニエル・カーネマンとエイモス・トヴェルスキーが命名したヒューリスティックで、**人は記憶から取り出しやすい**

出来事ほど頻繁に起きていると思い込みやすいのだ）。

数字が明らかになったところで、アメリカの通りを歩いているムスリムから無作為に選んだ人がテロリストである確率を計算してみよう。

ムスリムのテロリストの数である16を、アメリカに暮らす成人ムスリムの総数である220万で割ればいい。そうすると、答えは約0・000073で、0・0073パーセントとなる。これは、FBIが1万の成人ムスリムを拘束したとしても、そのなかにテロリストがいる可能性は限りなくゼロに近いことを意味する。

（死者を出した23のテロ事件を引き起こしたムスリムのテロリストが16人だったという私の計算を不審に思っている人のために補足すると、仮にその数が160人に増えたところで、拘束した1万人のなかにテロリストがいる確率はやはりほぼゼロである）。

エスニック・プロファイリングとムスリムに対する差別を正当化しようとしていた人々は、条件付き確率についてまったく理解していなかったのだろう。

報告書にあった15年間に、アメリカの地でテロを起こしたテロリストがムスリムだった確率は27パーセント。つまり、テロリストと判明している100人を調べたら、そのなかの27人がムスリムとなる。たしかに多いといえる数だが、この数字はエスニック・プロファイリングでムスリムを拘束するかどうかの判断を下すときに参照するものではない。ここで使われるべきは、先ほど算出した無作為に選んだムスリムがテロリストである確率であり、その数値はほぼゼロだ。

私たちの脳裏には、ツインタワーが炎上する映像や、ウサマ・ビンラディンの顔が焼きついている。そこに条件付き確率の誤解が組み合わさると、恐ろしく不合理な偏見にとらわれ、無実の人を傷つけてしまうのだ。

チャレンジ問題「腫瘍を破壊せよ」

統計的推論は難しい。そう感じるのにはちゃんとした理由がある。まず、全人口から標本を抽出するような大きな数字を使うことや、そうした数字に関わる機会はめったにない。また、最高または最低のパフォーマンスの裏に潜んで平均への回帰を引き起こす、ランダムな要素をすべて思い浮かべることは至難の業だ。

それに確率という概念は、1560年代になるまで人類の文化に登場すらしていなかった。たとえこの章で紹介した統計にまつわる3つの概念(「大数の法則」「平均への回帰」「ベイズの定理」)を理解できたとしても、日常のなかで、この3つをつねに意識して論理的に考えるのは簡単ではない。

私は何十年もこの3つの概念を教えているが、いまでも気づけば、エピソードの影響を過剰に受けていることが多々ある。そこで、「具体例」の影響力の強さを踏まえたうえで、そうした事例の最適な活用方法についていくつか提案したい。

強烈な事例を通じて何かを学べば、その学んだ何かを別の状況で応用できるはずだと思うかもしれない。結局のところ、学習の意義は、得た知識をのちに自分が直面する問題に適用できるようになることにある。

だが皮肉にも、事例を通じた学習には重大な注意事項がひとつついてくる。それを明らかにするために、次の問題にチャレンジしてもらいたい。

あなたは医師で、あなたの患者の胃には悪性の腫瘍《しゅよう》がある。その患者を手術することはできないが、腫瘍を死滅させなければ患者は死ぬ。

一縷《いちる》の望みは、特殊なX線治療だ。一度に腫瘍全体にそのX線を高強度で照射すれば、腫瘍は死滅する。ただし、それほどの強度で照射すれば、腫瘍に到達するまでにX線が触れた健康な組織も死滅してしまう。

X線の強度を下げれば健康な組織は無事だが、それでは腫瘍に効果がない。健康な組織を守りつつ腫瘍を破壊するには、どのようなやり方を取ればいいか？

答えがわからなくても心配はいらない。これは間違いなく難問だし、知能テストの類いでもない。

ではここで、ヒントを出そう。

ヒントは、私がすでに提示した事例のなかにある。この章の冒頭で披露した、将軍と独裁者の要塞のストーリーだ。となれば、答えはすぐにわかるはずだ。**腫瘍に向かって複数の方向からX線を照射すればよい**。

先の問題とこの事例を使い、ミシガン大学の学生（要は非常に賢い学生）を対象に、ある実験が行われた。[8] 彼らにはまず、3つのストーリーが提示された。そのうちの1つが要塞の事例だ。

流し読みを防ぐ目的で、読み終えたら何も見ずにストーリーの要約を書かせると告げ、実際に書かせた。そのわずか4分後に腫瘍の問題を提示したところ、正解を出せた学生はわずか20パーセントだった。優秀な彼らの10人のうち8人が、ほんの数分前に読み終えて要約した事例を思い出して応用することができなかったのだ。

あなたはこの章をここまで読むのに4分以上かかっているだろうから、要塞の事例とこの問題が結びつかなかったのも当然だといえる。

とはいえ、実験の参加者に、最初に読ませたストーリーのどれかを応用すればよいというあからさまなヒントを提示していたら、ほぼ全員が答えにたどり着いたに違いない。

つまり、**難しいのは新規の問題に既知の解を当てはめることではなく、解決策を自発的に記憶から呼び起こすこと**なのだ。

これは悪い知らせだ。なにしろ、教師から新たな手段について教わっても、その4分後には、誰かからわかりやすく思い出させてもらわない限り、その手段を別の状況に当てはめられるようにはならないというのだから。

キリストの巧みな「話術」

だが思い返せば、この章ではずっと、いかに事例の影響力が強いかを語ってきた。それほど影響力が強いのなら、実験に参加した学生たちが思い出せなかったのはなぜなのか？

これには何の矛盾もない。影響力があまりにも強いせいで、将軍や要塞といったディテールがすぐに浮かんでしまい、ストーリーの根底にある、複数の方向から一点に集めるという抽象的な法則は浮かんでこなかったのだ。

先の実験を考案した研究者たちがこの問題点を認識すると、学んだ事例に潜む法則を参加者に自発的に思い出してもらおうと、さまざまな方法を試した。

そして**いちばん効果があったのが、複数のストーリーを通じて同じ法則を示すことだった**。

たとえば、複数の方向から一点を攻めるという策について、要塞を攻め落とす将軍の文脈に加えて、腫瘍を治療する医師の文脈でも学んだとしよう。

そのうえで、同じ策が必要となる別の問題に直面すれば、2つの事例で学んだ策を応用する確率がぐんと上がる。

要するに、ストーリーを通じて何かを伝えるときは、その何かをいくつものストーリーに組み込んでそのすべてを伝えれば、相手に覚えてもらえる確率が高まるのだ。

先にキリストの話が出たが、優れた語り手であった彼は、このテクニックを知っていたのではないか。「神は迷える魂を喜んで受け入れる」と理解させるため、キリストは、99匹の羊は無事なのに、1匹の見失った羊を喜んで探しに出かける羊飼いの寓話を話した。そしてその話に続けて、銀貨を9枚持っているにもかかわらず、失った1枚の銀貨を探し回り、見つけたときに大喜びする女性の寓話を話した。

お気づきかもしれないが、私自身、ひとつの概念を説明するために、最低でもふたつの例を用いている。

願わくば、サッカーをしている子どもたちを目にしたときや、どこかのチャリティー団体から寄付を募るメールを受け取ったときは、「大数の法則」を自発的に思い出してほしい。

ドラッグストアの雑誌コーナーで『スポーツ・イラストレイテッド』誌を目にしたときや、初めてのデートや打ち合わせが信じられないほどうまくいったときは、「平均への回帰」のことを思い浮かべてほしい。

そして、非イスラム教徒によるテロ行為を耳にしたときや、コアラではない動物と遭遇したときは、「ベイズの定理」と、P(A|B)とP(B|A)は同じではないという事実が頭に思い浮かんでほしいと切に願う。

Chapter

05

「損したくない!」で間違える

「失う恐怖」から脱するには?

私は以前、新しい携帯電話用のケースを探し求めて膨大な時間をムダにしたことがある。当時使っていたのはスヌーピーの絵が描かれていたケースで、大学教授にしては少々子どもっぽすぎると思ったのだ。

そして、数え切れないほどのオンラインストアを見てまわった。第2章で説明した、マキシマイザー/サティスファイサーという尺度の話を覚えているだろうか。これは探求をどれだけマキシマイズする（最大限に行う）か、サティスファイスする（満足したところでやめる）かを測る尺度のことで、私が診断テストを受けると、マキシマイザーとしての最高得点を叩き出した。

私は買い物になると、完璧な品が見つかるまで探し続けずにはいられない。そうしてようやく、完璧にかなり近いと思われる品を見つけた。写真で見た感じもよく、レビューでの評価も5つ星満点で平均4つ星と高い。

そして、レビューに書かれているコメントを読み始めた。最初の4件のレビューは5つ星をつけていた。「気に入っています！　素材がよくデザインも素晴らしい」「彼がすごく気に入っています！　頑丈だし持ちやすいです」「素晴らしい品質。何もかもが完璧。最高！」「おしゃれです。使い始めてから4週間たちましたが、いまのところ快適です！」

これらを読んだ後、1つ星のレビューが目に入った。「見た目はとても素敵ですが、非常に壊れやすく、片手では持ちづらいです。1週間もしないうちに壊れました」

先に5つ星がついたポジティブなレビューを4件読んでいても、1件のネガティブなレビューがもたらした悪影響は相殺されなかった。

いちばん気になったのは、「1週間もしないうちに壊れた」という部分だ。ポジティブなレビューには、頑丈だとも、4週間後も快適に使えているとも書かれていたのだが。

結局、私はスヌーピーのケースをもう1年使うことにした。

人は「ネガティブな情報」に過剰に影響される
──「ネガティビティ・バイアス」とは何か？

ネガティブな情報の影響を過剰に受けるのは、私のような徹底したマキシマイザーだけとは限らない。

ポジティブなレビューとネガティブなレビューが、カメラ、テレビ、ゲーム機器といった電化製品の売上に及ぼす影響を確かめた実験がある。[1]

その実験の研究者たちは、2007年8月〜2008年4月にアマゾン・ドット・コムで扱われていた電化製品から300以上の品を選び、それらの売上順位とともに、各製品についたポジティブな（4つ星または5つ星）レビューとネガティブな（1つ星または2つ星）レビューを集計し、その関係性を調べた。

みなさんのご想像のとおり、ネガティブなレビューの割合は売上順位にマイナスに働き、ポジティブなレビューの割合は売上順位にプラスに働いていた。さらには、影響力の度合いについていても比較した。すると、ネガティブなレビューの割合のほうが、ポジティブなレビューの割合より売上順位に大きな影響を及ぼすとわかった。

心理学の分野には、人はポジティブな情報よりネガティブな情報を重視すると実証した実験がたくさんある。しかも**その傾向は、製品だけでなく人を見定めるときにも当てはまる。**

たとえばジョンという男性がいて、あなたは彼と2回だけ会ったことがあるとしよう。

1回目に会ったとき、彼は何人かの友人とレストランで食事をしていた。とりたてて親しみやすくも明るくもなかったが、それなりに話しやすいと感じた。

2回目に会ったとき、あなたは街頭で「地元企業に救いの手を」と書かれたポスターが貼られたテーブルの近くに立っていた。ジョンはテーブルの前を素通りし、嘆願書への署名を呼びかけた女性に見向きもしなかった。

このように、ポジティブと呼べる態度とネガティブと呼べる態度を1回ずつ目の当たりにすれば、互いに相殺されてどちらともつかない印象が残ると思うだろう。

だが、**人はネガティブな態度のほうを重視する**ので、あなたのジョンに対する総合的な印象は、どちらともつかないではなく、ネガティブ寄りになる可能性が高い。[2]

ネガティブな出来事もまた、ポジティブな出来事より強い影響を及ぼす。[3] 幼少期に性的虐待などのトラウマとなる出来事を一度でも体験すれば、うつ病、人間関係のトラブル、性的機能不全といった問題が生涯ついてまわることも考えられる。たとえ、幼少期に嫌な出来事より楽しい出来事のほうが多かったとしても、トラウマとなるような出来事をポジティブな体験で埋め合わせるのはそう簡単ではない。

同じことでも「切り取り方」で簡単に騙される

このように、人がネガティブな情報や出来事を重視してしまう傾向のことを「ネガティビティ・バイアス」と呼ぶ。ネガティビティ・バイアスの影響力は非常に大きい。あまりにも大きすぎて、人をとんでもなく不合理な判断に導くことが多々ある。

たとえば、**まったく同じことでも、ネガティブな切り取り方をされていると避けるが、ポジティブな切り取り方をされていると喜んで受け入れる、**というのもその一例だ。

そのため、「飛行機は12パーセントの割合で遅れる」という言い方より、「飛行機は88パーセントの割合で定刻どおりに運行する」という言い方のほうが好まれる。「避妊に失敗する確率が5パーセントのコンドーム」より、「95パーセントの確率で避妊できるコンドーム」のほうが優れていると判断される。「インフレ率がゼロのときに賃金を7パーセントカット」されるより、「インフレ率が12パーセントのときに賃金が5パーセント上がる」ほうが選ばれる。

この種の調査での私のお気に入りは、牛挽き肉に関するものだ。脂肪25パーセント、というとかなり身体に悪そうに感じる。なにしろ、目の前の肉の4分の1が間違いなく脂肪だと明示されているのだ。ところが、赤身75パーセントとなると、**意味はまったく同じでも、ずいぶんと健康的で身体によさそうに思える。**

あなたは、誰かがずる賢いマーケターさながらに、同じものを違うように見せようとしたところで、自分は騙されないと思っているかもしれない。だが、実際は違う。

調理した牛挽き肉のハンバーグを参加者に食べさせる実験が行われた[4]。実験で使用した牛肉の焼き加減がウェルダンかミディアムか、牛肉に塩、こしょうを振ったかどうかは明らかにされていないが、「全員に同じ牛挽き肉を同じように調理」して出したという。

ただし、料理に添えるラベルは変えた。半分の参加者のラベルには「赤身75パーセント」、残り半分の参加者のラベルには「脂肪25パーセント」と記されていた。

その違いだけで十分だった。「赤身75パーセント」の牛挽き肉を食べた参加者は、「脂肪25パーセント」の牛挽き肉を食べた参加者に比べて、「油っこさ」は低く、「赤身の味わい」は強く、「肉の質」は高く評価したのだ。

大学入試では「情熱が大事」は本当か？

私は大学の入学プロセスで作用するネガティビティ・バイアスに興味を持ち、研究を行うに至った。[5] ちょうどそのころ、私の上の子どもが大学への出願について考え始めたのだ。私はまず、大学入試に関する本を3冊買って読んだ。私自身は韓国の大学に出願したので、アメリカの大学の受験生が取る出願プロセスを知らなかったのだ。どの本も、出願の実務的な側面を説明するだけでなく、**自分が夢中になっていることへの熱意を示すことが重要だと強調していた**。情熱が「フック」になると説明した本もあった。

そういえば、私が受験される側のプロセスに携わったときにも同じことを強調された。イェール大学では、入学審査を専門とする非常に有能な担当者たちが入学審査委員会を運営しているのだが、委員会を開くたびに、教授が1～2名そこに招かれる。私もここ数年のあいだに、研修を受けたのちにその委員会に何度か出席した。そしてその際に、イェール大学の選考方針を正式にまとめた文章を目にした。

作成したのは、イェール大学でかつて学長を務めたキングマン・ブリュースターだ。1967年にまとめられたこの方針は、いまなお使用されている。

そこには、「できるだけ多くの卒業生に、各人が進むと決めた道で真に傑出した存在になってもらいたい。人文科学を学んで民間企業への就職や公職を目指すもよし、特定の職業に就いて人々の生活の質を高めるもよし。(中略)本校への志望者は、最終的にどの道に進むことになろうと、その道で人の上に立つ者となると思われる」と記されている。

要するに、合格するのにすべてが完璧である必要はない(加えて、好きなことをやればよい)が、秀でている分野がひとつはあったほうがいいということだ。

大学入試に関する本にも記されていたが、このような方針を掲げているのはイェール大学だけではない。ワシントン・ポスト紙の記事によると、「大学は、何かに夢中になっている(そしてそれに関して秀でている)学生を求めている。そういう学生がもっとも多用する言葉は『情熱』だ」。『USニューズ&ワールド・リポート』誌でも、大学に合格する確率を跳ね上げる手段の1位に「情熱」があげられていた。

「Aがたくさん」より「オールB」のほうが評価される

しかし、情熱を強調することは、私がこの章で論じてきた心理的に強固な現象、つまり、

「人はポジティブな情報よりネガティブな情報の影響を強く受ける」という現象と矛盾するのではないか。

わかりやすい例を使ってその矛盾について説明しよう。

同じ高校に、カールとボブという前途有望な二人の高校生がいるとする。カールはAやAプラスの成績の教科がある半面、CやCマイナスの教科もある。このパターンから、カールには強い情熱や熱意を向けている教科があるとわかる。

一方、ボブの成績はカールより均一的で、すべての教科がB、Bプラス、Bマイナスのいずれかだ。つまり、CはないがAもない。そして、この二人のGPA（成績平均点）が同点だとしよう。

あなたが彼らの志望する大学の入学審査官で、**二人に関する情報はそれぞれの成績証明書だけだとすれば、どちらを好ましいと思う？**

情熱が不可欠な要素であるならば、カールのほうが好ましいはずだ。しかし、人にはポジティブな情報よりネガティブな情報を重視する傾向がある。このネガティビティ・バイアスに決断を支配されるのだとすれば、カールがたとえば化学でAを獲得しても、国語の評価Cがもたらすダメージは相殺されず、審査官はボブのほうを好ましく思うはずだ。

私は、「ネガティビティ・バイアスが中和されて然るべき基準が存在する状況下でも、このバイアスは力を発揮するのか」を確かめるべく、自ら実験を行った。

まずは、カールとボブのような架空の二人を設定し、成績表をいくつか作成した。その際は、教科によるバイアスの発生を避けるため、特定の教科に特定の評価が偏らないように配慮した。

そして、実験の参加者を募った。参加者には、どちらの入学志望者を合格させるかを選ぶ作業を行ってもらった。オンラインで呼びかけたり、出願プロセスを体験して間もない大学生たちにも声をかけた。アメリカ国内のさまざまな大学で入学審査官を務める人たちにも参加してもらった。

参加者たちに、教科によって成績に差がある生徒と、どの教科も同じような成績の生徒のどちらかを選んでもらったところ、彼らのほとんどが後者を選んだ。後者の成績表にはCはないが、Aもない。入学審査官に限っていえば、**彼らの80パーセント近くが均一な成績を収めた生徒のほうを好んだ。**

さらに、均一な成績の生徒は、AとCが混在する生徒に比べて、大学に入ってからのGPAが高い、熱心に勉強する、責任感が強い、自制心が強いだろうと判断された。

大学卒業後の進路についても、均一な成績の生徒のほうが、中堅もしくは大企業の経営者になる、管理職で出世街道を歩む、官僚、法律家、医師、エンジニアになる可能性が高いと予測された。年収についてもやはり、均一な成績の生徒のほうが高くなるだろうとのことだった。

二人のＧＰＡはまったく同じスコアで、大学は情熱を持ち合わせた生徒を好ましいと思っているはずだというのに。

ベースが高くても結果は同じ

私は次に、成績表の中身を変えても同じ結果が再現されるか確かめたいと考えた。情熱や熱意が入学の基準になると強調しているのは、とりわけ競争率の高い大学に多く、そういう大学にとっては、最初の実験用に作成したＧＰＡのスコアでは低すぎる。

そこで、今度は競争率の高い大学、誰もが聞いたことのある有名大学の入学審査官だけに実験への参加を呼びかけた。さらに、架空の生徒二人の成績はずば抜けて優秀なものとし、ＧＰＡは最高４・３のうちの４・０とした。そして、均一なほうの生徒の成績は、１つのＡプラスと１つのＡマイナスを除いてすべてＡとした。つまり、Ａプラスは多くないものの、最低評価でもＡマイナスとなる。

一方、教科によって差がある生徒の成績は、Ａプラスは全部で８つとかなり多いが、Ｂ

プラスも3つある。それでも、この二人のGPAスコアはまったく同じだ。

実験の結果、今回もやはり、ネガティビティ・バイアスが力を発揮した。入学審査を本業とする参加者たちが好んだのは、Bプラスが1つもない、Aばかり獲得した生徒だった。**Bプラスのある生徒は、Aプラスが8つもあったというのに、**だ。

なお、ここでひと言、大きな声で注意を促しておきたい。実験の結果がどうであれ、自分の好きな教科の勉強にはより多くの時間を割き、情熱を持って熱心に取り組むべきだ。教科によって成績に差があるからといって、気に病む必要はない。それでも志望校に合格できる人はたくさんいる。GPAは大学側が考慮する情報の1つにすぎず、とりわけ重視されるのは、推薦状、課外活動、エッセイだ。

同じものでも「得る」か「失う」かで価値が変わる
――「損失回避」とは何か?

ネガティビティ・バイアスがさまざまな判断に影響を及ぼすことを思えば、その影響はお金に関する決断にも及ぶといっても誰も驚かないだろう。とはいえ、このバイアスが具体的にどのように作用するかは、非常に入り組んでいる。

1970年代に入ってから、行動経済学と呼ばれる分野が大きく注目され始めた。行動経済学は、心理学と経済学を組み合わせた学問だと思えばいい。その中心となる研究課題は、人はどのようにして、経済学で研究されてきた合理的な原則に反する判断や選択を下すのかを調べることだ。

行動経済学は、数多くの認知バイアスや思考の罠を明らかにし、経済学の土台となる「人の行動は論理的な選択に基づく」という前提に挑み続けてきた(「すべてを台無しにする61の認知バイアス」や「認知バイアス早見表——思考はこんなにも大変だ」といったタイトルの記事を、雑誌やインターネットで目にしたことがあるだろう)。

1979年、ダニエル・カーネマンとエイモス・トヴェルスキーが、行動経済学にとって非常に重要なものとなる論文を発表した。そのタイトルは、「プロスペクト理論——リスクを伴う決断の分析」だ。[6]

論文の影響力は一般に、学術誌に掲載されたほかの論文に引用された回数を指標として定量化される。2021年までにこの論文が引用された回数は、7万回を上回る。これは天文学的な多さだ。1973年にスティーヴン・ホーキングが発表したブラックホールに関する論文ですら、その5分の1程度しか引用されていないといえば、この数字のすごさがよくわかるだろう。

カーネマンとトヴェルスキーが提唱した革命的な見解のひとつが、「**人は獲得するか失うかによって、同じ金銭価値のものの扱いが変わる**」というもので、そこから「損失回避」という概念が生まれた。

その言葉なら耳にしたことがある、という人は多いと思うが、大手メディアで誤用されるケースがあとを絶たない。たいていは、人は失うより得ることを好むという意味に解釈して使用されている。だが、カーネマンは、そんなわかりきったことを発表してノーベル賞を授与されたのではない!

それから、損失回避をリスク回避と混同し、「人はリスクを取りたがらない」という意味に誤用されるケースもある。人がリスクを取りたがらないのは事実だが、損失回避はそういう意味ではない。リスク回避については第8章で詳述するので、ここでは損失回避とは何かをしっかりと理解しよう。

「得る100ドル」と「失う100ドル」の重みの違い

昔ながらの経済学者なら、獲得するにせよ、失うにせよ、100ドルの価値は同じだと述べるだろう。その考え方は極めて合理的だといえる。たしかに、失ってももらっても、100ドルは100ドルだ。

ということは、たとえば人がポジティブ（ネガティブ）な気分になる度合いを表すゲージがあったとして、洗濯の最中、乾燥機からたまたま100ドル紙幣が出てきたときの喜びが「37」を指すなら、ポケットに入っていた100ドル紙幣を道に落として100ドルを失ったときは、「マイナス37」を指すことになるはずだ。

ところが、カーネマンとトヴェルスキーによると、得るときと失うときとでは、100ドルの重みは変わるという。いったいどういうことなのか、例をあげて説明しよう。

こんなゲームを思い浮かべてほしい。私がコインを投げて、表が出たらあなたに100ドル渡すが、裏が出たら、あなたが私に100ドル支払わないといけない。

さて、あなたはこのゲームに参加したいと思うだろうか？　この場合、たいていの人は参加したがらない。

それでは、ゲームの内容をもう少し魅力的にしよう。コインの裏が出たら100ドル支払わないといけないのは同じだが、表が出たら、私はあなたに130ドルを渡す。

魅力をわかりやすくするには、このゲームにおけるいわゆる期待値を計算すればいい。

ゲームで100ドル失う確率は50パーセントで、130ドル得る確率も50パーセントなので、期待値は「0・5×マイナス100ドル+0・5×130ドル」の計算式で求めることができ、15ドルとなる。

つまり、このゲームを繰り返し行えば、勝つときも負けるときもあるが、最終的には平均15ドル手に入るということだ。期待値がゼロより大きいのだから、数学者や統計学者、経済学者のように合理的に考える人なら、このゲームへの参加を選ぶはずだ(お金を儲けたいと思っていることが前提となるが)。

ところが、このルールになっても、ゲームに参加すると答える人はほとんどいない。私も間違いなく参加しない。130ドルもらったらきれいに使い切る自信はあるが、コインのせいで100ドル払わされれば、それは本当に悲劇で、駐車違反の切符を切られる以上につらい。よって、私もほとんどの人と同じで、たとえ15ドル手に入ると言われても、その機会を見過ごすことを選ぶ。

ほとんどの人は、勝敗の比率が2・5:1(表が出たら250ドルもらえ、裏が出たら100ドル失う)以上にならない限り、ゲームに参加しようとしない。

このように、損失を回避しようと働く心理のことを「損失回避」と呼ぶ。損失は、獲得よりはるかに大きな存在感を放つ。そして、人はネガティブな影響を、ポジティブな影響とは比べ物にならないほど重く受け止めてしまう。

賢い営業マンは「喋る順番」が違う

損失回避の心理を現実の投資の決断に当てはめるとどうなるか。

アレックスの元に1万ドルの投資話がきたとしよう。ただし、その投資の結果は必ず次のどちらかになる。50パーセントの確率で、1年以内に3万ドルに増えて2万ドル儲かるか、残る50パーセントの確率で、投資した1万ドルが二度と戻ってこないかのどちらかだ！

後者はかなり悲惨だ。そのせいで、アレックスはこの投資話を断る。だが、期待値で考えると、この投資の旨味はとても大きい。0・5×2万ドル＋0・5×マイナス1万ドル＝5000ドル。つまり、平均5000ドルが手に入るのだ。

決断を下す必要に迫られた際は、こうして期待値を算出すれば、損失回避の悪影響から逃れられると思うかもしれない。だが、これから説明するように、損失回避の心理はもっとわかりづらいかたちで現れることがある。

たとえば、古くなった車を手放して新車に乗り換える、とついに決断したとしよう。1か月かけて次に乗る車について調べ、乗りたい車種を選び、カーディーラーを訪れる。パートナーとは事前に相談し、車の色はセレスティアルシルバーメタリックで、シートはアッシュカラーのレザーにすると決めている。準備は万端のはずだ。

ところが、販売員からオプションのことで矢継ぎ早に質問が飛んでくる。自動防眩《ぼうげん》ミラーにするのか、ブラインドスポットモニターはどうするか、ステアリングアシスト機能は必要か……と、ありとあらゆるオプションを確認してくるのだ。

販売員曰く、車両の本体価格は2万5000ドルだが、オプションXは1500ドル、オプションYは500ドルというように、さまざまな機能を追加できるという。そうして機能を紹介するたびに、これがあれば快適さや安全性がどう増すか、つまりは何を得られるかの説明が始まる。

別のディーラーのやり手の販売員は、正反対のアプローチを取る。彼女はまず、すべてのオプションをつけた3万ドルのモデルを提示する。そのうえで、安全性を高めるオプションXを諦《あきら》めるなら、価格は2万8500ドルになり、縦列駐車をサポートするオプションYも取れば、2万8000ドルになると説明する。この販売員は、失う機能を顧客自身に選ばせるように仕向けるのだ。**これが、顧客の損失回避のスイッチを押すことになる。**

こうしたアプローチの違いは、人の心理に影響を及ぼすのだろうか？

1990年代に、いま例にあげたような2種類の状況でどうするかを尋ねる実験が行われた。[7]ひとつのグループには、車両本体価格1万2000ドルのモデルを提示し（当時の価格はずいぶんと低かった）、好きなオプション機能を追加するよう指示したところ、顧客が支払った価格の平均は1万3651・43ドルとなった。

そしてもうひとつのグループには、オプション機能をすべて装備した1万5000ドルのモデルを提示し、外したい機能を選ぶよう指示したところ、平均価格は1万4470・63ドルとなり、獲得を強調されたグループより800ドル以上高くなった。

この金額を現在の車両価格に当てはめるとどうなるか。仮に車両本体価格を2万5000ドルとすると、喪失を強調するだけで、顧客は1700ドル多く使うようになったのだ。

お金を出す「タイミング」でインパクトが変わる

私が本書で引用した実験のほとんどはラボで行われたものなので、そのなかで下された決断や判断は想像上の状況でのこととなる。

そのため、人間は合理的に行動するという行動モデルを擁護する経済学者は実験結果に懐疑的で、現実に影響を受ける日常生活での再現性がないとして切り捨てていた。

興味深いことに、そう指摘した研究者の一部が、シカゴハイツの都心部に実在するK－8学校（幼稚園から中学2年生まで一貫して通う形式の学校）を舞台に、彼らが呼ぶところの「現場実験」を行った。[8]

シカゴハイツは、シカゴから約50キロ南にある都市だ。この実験は、仮定のお金の話をする仮定のシナリオと違い、教師の収入という現実のお金がかかわるものだった。

教師向けのインセンティブ制度について、聞いたことがあるだろうか。これは、全国共通テストで生徒が優秀な成績を収めれば、教師に能力給が支払われるプログラムで、その能力給は、生徒がテストを受け終えた後となる年末に賞与として支払われるのが一般的だ。

シカゴハイツの実験では、無作為に選ばれた一部の教師に対して「獲得する」条件が設定された。要は一般的なやり方にならって、生徒の成績が向上すれば年末に賞与を与えるということだ。賞与の額の算出方法は事前に取り決められ、その期待値は４０００ドルだった。

無作為に選ばれた教師のグループはもうひとつあり、こちらは年初に４０００ドルを受け取った。要は「失う」条件が設定されたのだ。こちらのグループの教師は、自身が受け持つ生徒の成績が年末に平均を下回っていれば、その教師が実際に賞与としてもらえる額との差額を返さないといけない。

獲得、喪失のどちらの条件下であっても、生徒の成績が同じであれば、支払われる賞与の額も同じになるようにした。この実験の目的は、賞与をもらうタイミングが教師のモチベーションに影響を及ぼすのか、さらには、生徒の成績にも違いが現れるのかを確かめることにあった。

はたして、**生徒の成績の平均値は、賞与を得たい教師と賞与を失いたくない教師とのあいだで差が出るのか**、それとも、どちらでも変わらないのか？

「獲得する」条件下では、基本的にほぼ効果は見受けられなかった。教師向けのインセンティブ制度で成果が現れなかったのは、これが初めてではない。ニューヨーク市で実施された実験でも、同様の結果が出ている。年末の賞与（少なくともその実験で設定された金額）では、教師のモチベーションを高めるのに十分ではなかった。

それとは対象的に、「失う」条件下の教師に習った生徒は、テストの点数が10パーセンタイル改善した。どうやらお金を返したくないという気持ちは、教師にとってとても強力なモチベーションとなるようだ。だがもちろん、**もう一方のグループとの違いは、お金が支払われたタイミングだけ**である！

実験は素晴らしい成果をあげたが、その結果が公共政策に反映されるかどうかはまだわからないし、反映すべきだと断言するのも早計だ。「失う」条件下に置かれた教師たちが、たんに「テスト対策」となる授業をやりたくなったとも考えられるし、点数が上がる裏技のようなものを使った可能性もある。

残酷なほど強力な効果

とはいえ、もっと小さな規模であれば、同じやり方を通じて他者のモチベーション、さらには自分自身のモチベーションも上げることができる。

ある年の夏、私は息子にテラスのデッキを塗装するアルバイトをしないかと声をかけた。高校を卒業したばかりの子が大金に感じる額を提示したので、息子はすぐさま同意した。だが、夏のあいだに息子が行ったのは、刷毛《はけ》とローラー、ローラー用のトレー、高圧洗浄機を通販で注文したことだけだった。どうやら彼が大学進学で家を出るまでに行動を起こすことはなさそうだと私は悟り、夏の終わりの暑い日に自ら塗装することにした。塗りながら、ふとこんな考えが頭をよぎった。

私はなぜ、息子に前もってアルバイト代を渡し、デッキを塗装しなかったら返してもらうと告げなかったのか。

そのやり方を選択しなかったのは、なんとなく気が引けたからだろう。いったん渡したお金を取り上げるのは、失礼だし残酷だ。施術前に美容師に渡したチップを、仕上がりが気に入らないから返せと要求する場面はとても想像できない。

シカゴハイツの学校で「失う」条件下に置かれた教師たちは、生徒のテストの成績が振るわないたびにどれほどの重圧を感じただろう。彼らはきっと、「お金を失ってしまう」という強迫観念に絶えずとらわれていたに違いない。なにしろ、教師の収入はあまり高くない。臨時収入も、光熱費の支払いや生活必需品の購入にすぐに消えた可能性が高い。

だが、これこそがまさにこの話のポイントである。

手にするにせよ失うにせよ、どちらも同じ4000ドルだ。しかし、それを一度も手にしていないときより、手に入れたときのほうが、失うことへの脅威をより強く感じてしまうのだ。

「自分のもの」になった瞬間、惜しくなる

――「保有効果」とは何か?

損失回避を理解すると、価格交渉で買い手と売り手の意見がめったに一致しない理由がわかるようにもなる。たとえば、中古のフィットネスバイクを探しているアニーが、3年前に300ドルで購入された中古品を見つけたとしよう。

アニーは100ドルなら買ってもいいと思っている。いくら新品同様に見えても、しょせんは3年前のモデルだからだ。一方、フィットネスバイクの持ち主であるジェニーは、ほとんど使っていないのだから200ドルの価値があると思っている。

中古品の売買では、このような状況がとても生まれやすい。**持ち主が、買い手よりも高い価値を見出す**のだ。行動経済学では、このような現象のことを「保有効果」と呼ぶ。

値付けにズレが生じるのは、ひとつには、売り手はできるだけたくさんのお金がほしく、買い手は払うお金をできるだけ少なくしたいからだ。売り手は、自分の持ち物に愛着があることもあるだろう。

だが、そうした要素がなくても、持ち主というだけで、自分のものを失いたくないという本能、つまり損失回避の心理が働く。保有していた時間がどれだけ短くても関係ない。保有効果は、まだ愛着が形成されていなくても、瞬時に発動する。それを実証してみせた優れた実験を紹介しよう。

その実験ではまず、参加者である大学生たちに、各自が通う大学のロゴが描かれたマグカップか、スイスチョコレートバーのどちらかを選ばせた。[9] すると、約半数の学生がマグカップを選び、残りの半数がチョコバーを選んだ。これにて、実験に参加した大学生がこの二択のどちらを選ぶかの割合の基準値が確定した。

その後、同じ大学に通う先ほどとは別の大学生グループにも、マグカップとチョコバーという同じ二択を提示した。ただし、提示の仕方に少々の修正を加えた。

最初にマグカップを見せ、このカップは持ち帰ってよいと伝えた後に、マグカップとチョコバーを交換しないかと尋ねたのだ。基本的には、マグカップとチョコバーのどちらがほしいかと尋ねているのと変わらない。ということは、基準となる最初の実験結果を踏まえると、約半数の学生がチョコバーへの交換を求めるはずだ。ところが、**チョコバーへの交換を選択した学生はたったの11パーセントだった。**

マグカップを最初に提示したことに特別な意味がないことを確かめるべく、次の大学生グループには最初にチョコバーを渡し、それとマグカップを交換しないかと尋ねた。
すると、同じことが起きた。約半数の学生が交換して然るべきなのに、10パーセントの学生しか交換の意思を示さなかったのだ。90パーセントの学生は、チョコバーをキープすることを選んだ。

この実験で注目すべきは、マグカップ、チョコバーのどちらかを渡された学生たちには、渡されたものに愛着が湧く時間はまったくなかったという点だ。また、彼らには、渡されたものを売って利益を得るという発想もなかった。マグカップにせよ、チョコバーにせよ、たとえ転売できたとしても、大したお金にならないことは明白だ。

とはいえ、いったん自分のものとなったマグカップを何かと交換すれば、マグカップを失うことになる。それはチョコバーも同じだ。

単純に、**人は自分の所有物を失うことが嫌でたまらない**のだ。自分のものとなった時間がどれだけ短くても関係ない。

「失うこと」の痛みは、物理的な痛みである

奇妙なことに、失うことの痛みは物理的なものだと実証した実験がある。[10] その実験の参

加者は、1000ミリグラムのアセトアミノフェン（解熱鎮痛薬）または偽薬を摂取し、30分にわたって実験とは無関係なアンケートに回答した。30分たてば、アセトアミノフェンを摂取した人にはその効果が現れ始める。

その後、半数の参加者にはマグカップを渡して「持ち帰ってよい」と告げ（保有効果が生じる条件が付与された）、残りの半数にはラボの備品だと説明したうえでマグカップを貸した（保有効果が生じる条件は付与されなかった）。

そして最後に、条件の違いや摂取した薬の違いに関係なく、渡したマグカップを売る場合の価格を全参加者に決めてもらった。

偽薬を摂取したグループには、保有効果がはっきりと現れた。このグループで保有効果が生じる条件が付与された人は、されなかった人に比べてはるかに高い売値を示したのだ。

だが、アセトアミノフェンを摂取したグループは違った。マグカップに保有効果の条件が付与されている、いないにかかわらず、**このグループの人たちがつけた売値に統計的に有意な差は見られなかった**。

アセトアミノフェンの副作用一覧に、この情報も付け加えたら面白いのではないか。「アセトアミノフェンを摂取すると、失うことを顧みず、通常より安い価格で所有物を販売するおそれがあります」。FDAの認可が下りれば、「結婚する気のない恋人と別れられない? そんなあなたのための薬です」や「とにかくすぐに自宅を売ってしまいたいあなたに。アセトアミノフェン」といった広告が現れ始めるかもしれない。

「生物的な本能」が危険に目を向けさせる

大半の認知バイアスがそうであるように、ネガティビティ・バイアスが存在するのは、それが私たちの先祖にとって有益だったからであり、いまなお有益だからである。

このバイアスは人類史の初期でとりわけ重要だったのではないかと論じる科学者もいる。というのは、私たちの先祖は生死の瀬戸際で生きていたからだ。

失うことは死に直結したので、失う可能性をなくすことを優先させる必要があったことは間違いない。

先祖の状況を現代に置き換えるなら、車の燃料計が「E」を指している状態で高速道路を運転しているようなものと思えばいい。燃料がないと示す赤い警告灯が点灯してから15分たつというのに、次の高速の出口は15キロ先だ。

このような状況なら、たとえ外が猛暑でも、エアコンのスイッチを切ることは厭《いと》わないだろう。1滴たりとも燃料を失いたくないからだ。

現代に生きる私たちは、ずいぶんと豊かな環境で生きている。そのおかげで、何かの喪失を命に直接かかわることだととらえて生活している人はほとんどいない。

それでもなお、ネガティビティ・バイアスはとても大切な役割を担っている。**このバイアスのおかげで、正す必要のあることに注意が向く**のだ。

うまくいっていることに関しては、つねに注意を向けている必要はない。

たとえば、呼吸や歩行を行っているとき、人はとくに意識しない。そういう活動は、できているあいだは当たり前のこととして受け入れている。それはいいことだ。苦労や痛みを伴わずにできることに、考えるエネルギーをあまり割くべきではない。

とはいえ、呼吸が苦しくなったり、歩きづらくなったりしたら、何らかの行動を起こす必要がある。呼吸や歩行を行う能力が失われることへの脅威は、モチベーションとして強力だ。

それと同じで、所有している何かを失いそうになったときは、その何かに注意を向けるべきだ。CやDという成績の評価は、単なる評価ではない。生徒にとって、**その教科にもっと注意を向ける必要がある**という警告になる。

生まれつき備わっているネガティビティ・バイアスは、親の反応にわかりやすく見られる。人は、わが子が発するネガティブな兆候に反応するようにできている。赤ん坊の泣き声をはじめ、赤ん坊が発するいつもと違う色や匂いに敏感に反応する。

親は、赤ん坊のかわいい笑顔や柔らかな肌見たさに徹夜はしないが、赤ん坊が泣いたり吐いたりすれば、夜通し起きている。それは、わが子のために生物学的に備わったネガティビティ・バイアスなのだ。

人の選択は「切り取り方」で決まる
――「フレーミング効果」とは何か?

ネガティビティ・バイアスは人の役に立ってきたし、いまでも役に立つ場面があるが、このバイアスに極端に取りつかれると、問題が生じるおそれがある。

たとえば、わが子が抱える問題に敏感に反応する態度をいつまでも続けていると、その先には親子の衝突が待ち受けている。「宿題は終わった?」「その顔、どうしたの?」「もっと練習したほうがいいんじゃない?」などと繰り返して修羅場を招いてしまう。

ネガティビティ・バイアスは本能に深く組み込まれすぎているのか、その存在を意識したからといって、バイアスがもたらす有害な事態を必ずしも避けられるようにはならない。とはいえ、まったく対策ができないわけではない。ネガティビティ・バイアスに対抗する術はある。

取れる戦略はふたつで、ひとつは「損失回避」によって選択を誤ったとき、もうひとつは「保有効果」が生じたときに活用できる。

ネガティビティ・バイアスのいちばんわかりやすい代償は、人を誤った選択に導くことだ。

大量の称賛を2、3個のネガティブなレビューで相殺したばかりに、人生を一変させてくれたかもしれない本を買い逃すかもしれない。損をする可能性を心配しすぎるあまり、期待値が非常に高い投資の機会を逃すかもしれない。

そうしたケースに効果的なのが、「フレーミング効果」と呼ばれる認知バイアスの活用だ。**人が何を好み、何を選ぶかは、選択肢そのものの問題というより、選択肢がどう切り取られているかで決まる。**すでにこの章のなかで、フレーミング効果の例はいくつか紹介ずみだ。

「運行の88パーセントで時間どおりに発着する飛行機」には乗りたいと思うが、「運行の12パーセントで遅れが生じる飛行機」には乗りたがらない話がそうだし、「車両のみの価格を提示してからオプションの追加を提案していく車の販売員」と、「オプションをすべて含めた価格を先に提示し、顧客に不要な機能を取り除かせていく販売員」とでは、前者のほうが売上額が下がるという例も該当する。

フレーミング効果の影響力はとても強く、文字どおりの意味で生死を左右しかねない。[11]肺がんを患う人に、手術した場合は90パーセントの確率で生存すると伝えたところ、80パーセントの患者が手術に同意した。

ところが、手術した場合は10パーセントの確率で亡くなると伝えると、半数の患者しか手術を選択しなかった。当然ながら、患者には両方の切り取り《フレーミング》を提示すべきだ。患者の判断は、ネガティビティ・バイアスとポジティビティ・バイアスのどちらの影響も受けてはならない。

ポジティブな質問をするか、ネガティブな質問をするか？

このフレーミング効果をもう一歩踏み込んで活用すれば、心のなかで自分につぶやく内容の切り取り方を変えられるようにもなる。[12]

それを示した実験を紹介しよう。

その実験の参加者は、親Aと親Bによる仮定の親権争いについて読むよう指示された。親Aと親Bは、泥沼の離婚劇を繰り広げている。参加者が読んだ文章には、親権の決定に関係するそれぞれの親の情報が記されていた。具体的には、次ページの表のような内容だ。

親Aはすべての項目で平均的で、特別優れている点も悪い点もない。一方、親Bには「収入は平均以上」のようにポジティブな材料となるものもあれば、「出張が多い」といったネガティブな材料となるものもある。

参加者グループのひとつには、「どちらの親の親権を剥奪するか」と尋ねた。するとと、「親B」と答えた参加者が多数となった。そうなるのは理にかなっているといえるだろう。結局のところ、親Bは出張が多いうえ、少々ながら健康にも問題がある。それに、親の「非常に社交的」な生活が子どもにいいはずがない。

別の参加者グループにも同じ質問をしたが、今度は反対の切り取り方で提示した。つまり、「どちらの親に親権を与えるか」と尋ねたのだ。

すると、過半数の参加者が「親B」を選んだ。これもまた、理にかなった回答だといえる。親Bは子どもと強い絆で結ばれているし、平均以上の収入を得ているのだから。

とはいえ、2グループの結果を見ると、親Bは親Aより「いい」とも「悪い」とも判断されたことになる。

親権を「剥奪」する理由を考えるとき、人はネガティブな材料に注目し、ポジティブな材料は除外する。

一方、親権を「与える」理由を考えるときは、ポジティブな材料に注目し、ネガティブな材料は除外する（確証バイアスを扱った第2章〔108ページ〕で紹介した、「自分は満足しているかどうか」を自問したときと「自分は不満かどうか」を自問したときの違いに関する研究を思い出してほしい。ここでもまったく同じメカニズムが働いている）。

よって、**ネガティブな要素を気にしすぎていると感じるときは、肯定的な視点から質問を切り取り直すといい。**

どの選択肢を退けるかとばかり考えるのでなく、どれを選ぶか、とも考えてみるのだ。

親A	親B
収入は平均的	収入は平均以上
子どもとは良好な関係	子どもとは強い絆で結ばれた関係
プライベートは比較的決まった行動を取る	プライベートは非常に社交的に行動する
労働時間は平均的	出張が多い
健康状態は平均的	健康状態に少々問題あり

「手放したくない心理」を反転させる

それでは次に、「保有効果」の影響を受けないようにする方法について見ていこう。

保有効果は、自分の保有物だというだけで、実際以上の価値を見出してしまう心理だ。

この効果を利用したマーケティング戦略に、人は簡単に引っかかってしまう。その最たる例が無料トライアルだ。30日間は無料で使えるとわかると、キャンセルを忘れないようにその期間が終わる日をカレンダーに記し、これで安心だとたかをくくる。

しかし、**一度自分のものとして使い始めると、保有効果によってそのサービスがとても魅力的に感じる**。それほどほしいと思ったことなどなかったのに、突如としてそれなしではいられないと感じるようになるのだ。

私の家族は、ブロードウェイ・ミュージカルが映画化された『ハミルトン』を観たいがために、ディズニープラスに加入した。無料トライアルはなかったが、月額料金はわずか6・99ドルで、映画にはそれだけの価値が十分にあった。それに、解約は簡単にできる。少なくとも私はそう思っていた。

ところが、映画『ハミルトン』を3回観終えたあたりから、加入を続ける合理的な理由が頭をよぎり始めた。この先、映画『スター・ウォーズ』シリーズや『アナと雪の女王』を観たくならないとも限らない。それに月額料金は、スターバックスでスコーンとベンティサイズのラテを買うより安いのだ。

保有効果に頼った販売戦略というと、「返品無料」サービスもそれにあたる。気に入らなかったらお金が返ってくるとわかれば、思い切って注文する気持ちが高まる。しかし商品が到着し、実際に試してみたとたん、それを再び梱包し郵便局に持っていくのだと思うと、気が重くなる。あまり気に入っていなくても、「まあ、気に入ったほうかな。使いみちはあるだろう」と自分に言い聞かせる。このように、「返品無料だからノーリスク」というわけにはいかないのだ。

この話からクローゼットを思い浮かべた人もいるのではないだろうか。

クローゼットが衣類であふれかえる二大元凶をあげるとすれば、間違いなく保有効果と損失回避になる。

3年以上着ていない服を手放すことは、古い友人と離れるくらいつらいものだ。そういう愛おしい服に払った金額は、いまだに覚えている。誰かからもらった服なら、それをくれた人の顔が思い浮かぶのでなおつらい。

私の夫は、庭仕事用として着古したズボン6着と靴3足を取っておいているが、庭仕事をする時間が取れる週末は、年に数回ほどしかない。私は私で、90年代にセールの85パーセント割引のコーナーでつかんだアルマーニの肩幅が広いジャケットに、子どもを産む前に買ったペンシルスカート2着をいまだに持っている。

先日、ニューヨーク・タイムズ紙のベストセラーランキングで1位を獲得した、近藤麻理恵の『人生がときめく片づけの魔法』を読んだ。

彼女は片づけのプロであって心理学者ではないが、彼女ほど損失回避を深く理解している人はいない。失うことへの恐怖を克服するためとして、彼女はまず、家にある衣類をすべて出しましょうと提案する。ハンガーにかかっている服、引き出しに入っている服、下駄箱に入っている靴をすべて床に積み上げるのだ。

床に出したものは、その瞬間から自分の所有物ではなくなる。保有効果の影響はなくなり、失うものもなくなった。そうすると、**行うべき決断が、手にするものを選ぶ決断に変わる**。何かを「失う」という切り取り方から、何かを「得る」という切り取り方に変わったのだ。これなら、失うことへの恐れは生まれないので、好みに応じて1着ずつ吟味していけばいい。

私は近藤麻理恵にならってクローゼットを整理した。大きな服の山から新たに服を買うのだと自分に言い聞かせたら、判断は簡単にできた。私はもう二度と、ワンサイズ小さいスカートは買わない。肩幅の広いジャケットも買わない。10年後に再びそのシルエットが流行したって構わない。

さて、無料トライアルと返品無料についてだが、映画『ハミルトン』を3回観た私は、これから新たな契約先をひとつ選ぶとしたら、ディズニープラスを選ぶだろうかと自問した。

また、買ってよかったと思い込もうとしていたワンピースについては、注文時の画面ではローズピンクに見えたけど、実際に届いたものはショッキングピンクにしか見えない。

結局、ディズニープラスは解約し、ワンピースは返品した。

Chapter

06

脳が勝手に「解釈」する

なぜか「そのまま」受け取れない

1999年、私は妊娠し、娘を迎える準備を入念に整えた。予定日は6月初旬だったので、必需品は5月のうちにすべて揃えた。車用のチャイルドシート1台、ベビーカー2台、おくるみ8枚、よだれかけ15枚、おむつ10箱にボディスーツ10着。

それから、それほど急ぎではないものについても検討を始めた。『おやすみなさい おつきさま』や『はらぺこあおむし』などの絵本（私は早期教育の効果を信じている）にナイトライト〔ベッドサイドに置く常夜灯〕などだ。しかしナイトライトに関しては、科学誌『ネイチャー』に載っていた研究を読んだせいで考えを改めた。

その研究を通じて、照明がついた室内で眠った赤ん坊は、暗闇で眠った赤ん坊に比べて近視になる確率が5倍高いと判明したのだ。[1]

この結果はメディアの注目を集め、CNNは「明るさを抑えた光であっても睡眠中のまぶたを通過するので、休むべきときでも目は働き続けてしまう。目の機能が急速に発達する幼児期に予防策を講じておけば、将来的に視力の低下を防ぐことにつながる」と報じた。[2]

私は当然、増えていく一方の出産準備リストからナイトライトを削除した。

ところが1年後、その研究が誤りであると指摘する別の論文が『ネイチャー』に掲載された。[3] ナイトライトと近視に見受けられた相関関係は、親の視力に起因するという。

近視の親はそうでない親に比べてナイトライトを使用する確率が高く、また近視の親から生まれた子どもは、遺伝的な要素によって成長したら近視になる確率が高いことから、ナイトライトと近視に相関性が生じたのだ。

CNNは最初の報道を正式に訂正し、「明かりはつけたままで——ナイトライトをつけたままでも子どもの視力に害はない」と報じた。[4] これは、相関関係は必ずしも因果関係とはならないことを示す素晴らしい例だが、この章で論じるテーマは別にある。もう少々この話におつきあい願おう。

「最初に思い込んだこと」を信じ続けようとする

2001年、ナイトライトの研究が誤りであると判明した1年後、私は息子を妊娠した。その当時の私が得ていた知識を考えると、私（重度の近視の親）は息子にナイトライトを使うだろうか？　**答えは「絶対に使わない」**だ。

鏡台の角に膝をぶつけたり、ゴミ箱に蹴《け》つまずいたりするリスクを負ってでも、子どもの大切な目が悪くなるリスクは少しでも取りたくない（いうまでもないと思うが、私が痣《あざ》をつくったかいもなく、子どもは二人ともメガネをかけている）。

認知心理学の研究者として、私は自分が研究結果に抗《あらが》う行動を取ったことに関心を抱いた。そしてその現象に、**「因果関係の刷り込み」**という名前までつけた。

どういう現象か説明しよう。この現象の第1段階は、次ページの図のようにAとBに相関関係を見出す。つまり、Aが存在するところにはBも存在し、Aが存在しないところにはBも存在しない傾向が見られるということだ。

この見解に基づいてAがBを招くと推測するのが第2段階で、「ナイトライトが近視を招く」といった推測がそれに該当する。

そしていよいよ、この現象の肝となる第3段階を迎える。

この段階では新たにCという要素もあると学習し、AとBが同時に発生するところにはCも存在し、Cが存在しないところではAとBは同時に発生しない、と気づく。

この見解に基づくもっとも妥当な因果の推論は、「CがAとBを引き起こすのであって、AがBを引き起こすわけではない」だ。第1段階でのAとBは相関関係にあるという見解は、Cの存在にまだ気づいていなかったから生まれた見解で誤りとなる。

ところが、AがBを招くという見解がひとたび刷り込まれた人は、Cの存在を知る第3段階になっても、AがBを招くという第1段階と同じパターンが起きていると解釈し続ける。「Cが存在しないところではA

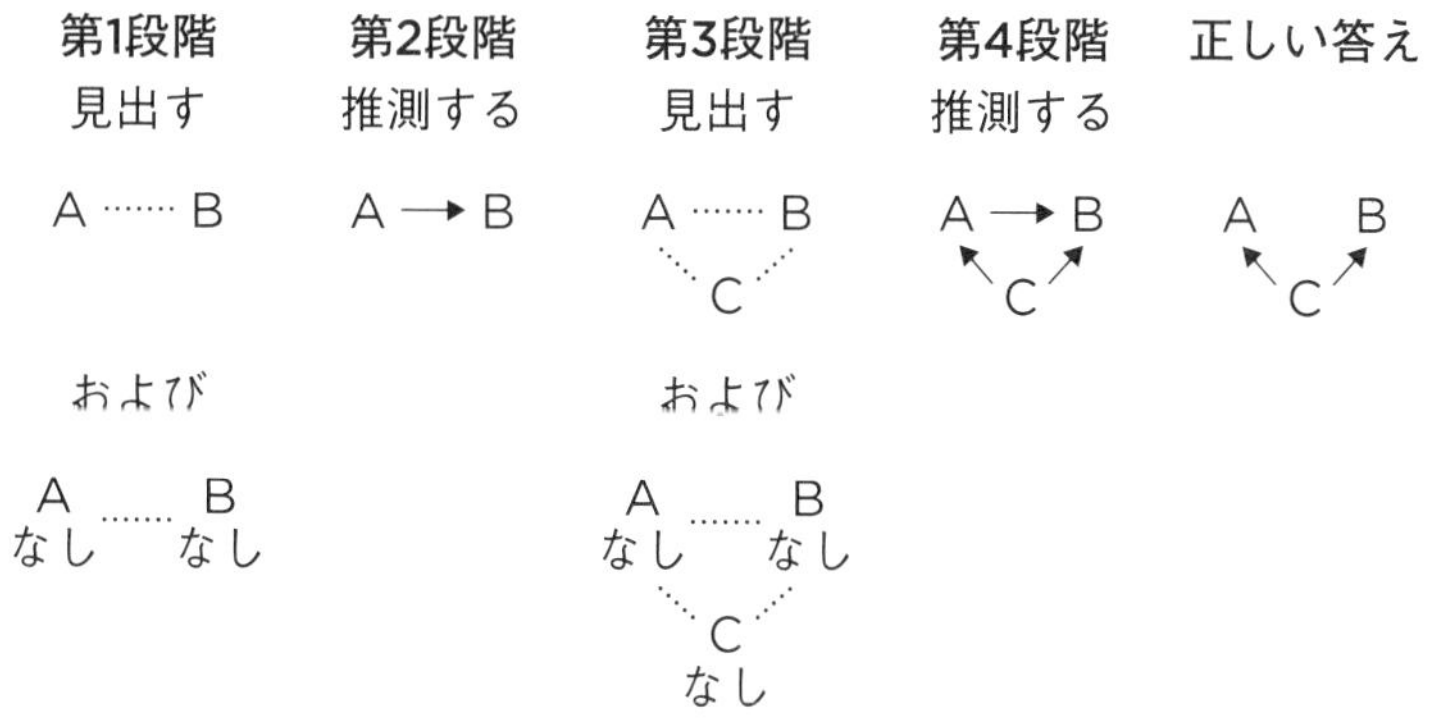

がBを招くと示す証拠がない」とわかっても、解釈を変えようとしない。

私は博士研究員のエリック・テイラーとともに、条件を変えて複数の実験を実施した。すると、最初から第3段階の状態（A、B、Cという3つの要素すべての存在を同時に知った状態）になった参加者は、正しい因果関係にすぐさま気がついた。CがAとBを引き起こすのであって、AはBを引き起こさないと容易に理解したのだ。

つまり、人は一般に、複数の事象に共通の原因を見出すことが不得手というわけではないらしい。

とはいえ、ナイトライトと近視について知ったときの私のように、第1段階からスタートすれば、AがBを招くという考えが最初に生まれる。その考えが刷り込まれたら、AとBのあいだに因果関係があるという考えは誤りだと明確に示唆《しさ》する完璧なパターンを目の当たりにしても、考えが見直されることはない。[5]

AはBを招くと一度信じてしまうと、第3段階で目の前にどんな新たな情報が現れても、その考えは覆らない。それでも変わらずAとBはつねに一緒に現れるように見えるため、その相関性をAがBを招く証拠と解釈し、誤った考えを修正しない。

これは確証バイアスの一種で、**人には自分が信じるものを信じ続けようとする傾向がある**のだ。第2章で紹介した確証バイアスは、人は自分が正しいと信じていることが否定されかねない情報に目を向けないというものだった。今度の確証バイアスは、自分が真実だと思っていることに沿うように新たな情報を解釈するというものだ。

人生ずっと信号の色を間違えていた

バイアスと子どもにまつわる私のエピソードをもうひとつ紹介しよう。

息子が4歳のとき、車を運転する私と息子で議論が起きた。息子が私に、黄色信号はなぜ黄色信号と呼ばれているのかと尋ねてきたのだ。私には質問の意味がわからなかったが、4歳の子どもの言うことなので、私は「黄色だから黄色信号って呼ばれているのよ」と答えた。

するとと息子はこう返した。

「黄色じゃない。オレンジだよ」

私は根気よく彼の間違いを正しながら、実は夫に色覚異常があり、息子もそれを受け継いだのかな、などと考えていた。息子は譲らずに、「ママ、見ればわかるよ」と言い続けた。

息子が間違っていると証明すべく、私は次の黄色信号で止まって信号機を見つめた。

すると、それはオレンジの光だった。フロリダ産の完熟オレンジの色とは違うが、レモンよりはオレンジに近い色であることは否定できない。あなたも一度見てみるといい。

のちに、黄色信号は視認性を最大限に高めるために、あえてオレンジがかった色にしているのだと知った（行政の世界と英国ではより正確に、黄色ではなく琥珀《こはく》色と表現される）。

それはともかく、私はなぜいままで黄色だと思ってきたのか？　ずっと騙されてきたような気持ちだった。私の両親は黄色信号と呼んでいたし、私もずっと黄色信号と呼んできた。幼少期に信号の絵を描いたときは、律儀に赤と緑とレモンイエローのクレヨンを使った。

だが何よりも恐ろしいのは、**息子に指摘されるまで、私には黄色信号の色が本当に黄色に見えていた**ということだ。

わかっているのに、歪めて解釈してしまう

すでに信じていることがあるせいで、現実に対してバイアスのかかった解釈をしてしまうというのはよくある話だ。また、信号の例は、信号のルールに従いさえすれば、黄色、オレンジ色、琥珀色のどれで呼んでも大した違いはなく、危険はない。

とはいえ、「最初の考えを見直さなければ悪影響が出るとなれば、人は新たな情報を前にしたときに解釈を修正するはずだ」とあなたは思っているのではないだろうか。

残念ながら、反証を突きつけられても、自分や周囲に甚大な被害が及ぶ可能性があっても、バイアスのかかった解釈に固執する例は実に多い。

たとえば、**自分の問題をきまってまわりのせいにする人**が、あなたの身近にも、少なくとも一人はいるのではないだろうか。その人が会議に遅刻すれば、道が混んでいたせいにする。だが、その道路は毎日同じ時間帯に必ず渋滞する。その人の言葉で誰かが傷つけば、謝罪の言葉は「そんなふうに受け取られるなんて思わなかった」だ。自分はつねに正しく、悪いのはつねに自分以外の誰かだと信じていれば、傷つきやすいエゴは守れるかもしれないが、学習し成長する機会は奪われ、固い絆や健全な人間関係は生まれない。

反対に、**何でも自分のせいにする人**もいる。ほめられれば疑念が頭をよぎり（「この人は誰でもほめるに違いない」）、何かを成し遂げた自分の技能は軽視し（「運がよかっただけ」）、これ以上ないほど建設的なフィードバックでも、指摘されたことを増幅して自分の欠点として受け止める（「私は役立たずだ」）。

そういうタイプの人はおそらく、インポスター症候群〔詐欺師症候群。つねに自分を過小評価してしまう心理傾向〕に苛《さいな》まれているのだろう。その心理に陥ると、自分の力を信じられず、その思いに反する証拠がいくら新たに出現しても、自分に対してすでに抱いているネガティブな意見は絶対に変わらない。

うつに苛まれている人は、とりわけ**自分のためにならない偏った解釈に陥りやすい。**

たとえば、エラが友人のレスに「金曜の夜は何か予定ある？」というメッセージを送ったとしよう。4分後、メッセージのステータスが「送信済み」から「既読」に変わったが、レスから返事はない。そして2時間がすぎた。

レスが返信しない理由なら、もちろんいくらでもありうる。

メッセージを読んだ直後に耐え難いほどつまらない会議が始まって、エラからのメッセージのことを忘れたのかもしれないし、読んだ直後にラーメンの大きな器にスマホを落としたのかもしれない。あるいは、レスの頭に鳥がフンをして、抗菌シャンプーで頭を洗い続けているのかもしれない。

レスがどのような状況にあるかはまったくわからないにもかかわらず、自分に自信が持てないエラは、レスはもう自分と友人でいたくないのだと結論づける。

「同じ経歴」でも差がつくのはなぜか？

不当な固定観念に基づいて、他者に対して誤った認識を抱き続けていると、周囲に被害を及ぼすこともある。これについて実証した研究は数え切れないほどあり、なかでも私のお気に入りは、社会問題として物議を醸している「賃金におけるジェンダーギャップ」を調べた研究だ。

女性は男性より賃金が低いが、それは適性の違いが正確に反映されているだけで不公平ではない、という意見がある。これから紹介する実験は、性別以外はすべて同じ二人の人間が研究職に応募したらどうなるかを調べたものだ。[6]

その実験には、「非常に優秀」と評判の高い科学部門を備えたアメリカのマンモス大学の理系教授たちが参加した。彼らの役割は、学生ラボマネジャーに応募した一人の志望者を評価することだ。

応募書類には、志望者が学位を取得した大学、GPA（成績平均点）の値、GRE（大学院入学学力試験）の点数、これまでの研究実績、将来の計画に加え、通常、応募者に尋ねられるその他の一般的な情報が記されていた。

この実験に参加した教授全員に同じ応募書類を渡したが、半分の教授の書類は応募者の名前がジェニファーになっていて、残る半分の書類の名前はジョンになっていた。

ジェニファーとジョンの経歴はまったく同じである。しかも、実験の参加者は全員が理系の教授であり、偏見を持たずにデータを解釈する訓練を積んでいる。

それにもかかわらず、実験では、**ジョンのほうがひときわ優秀だと評価された。**ジェニファーに比べてジョンのほうが雇う価値があり、教授からの指導を受けるのにふさわしいという。また、応募者に提示する年俸の額を提案してもらったところ、ジョンへの平均提示額のほうが、ジェニファーへの提示額より3500ドル（10パーセント）以上高かった。

応募者の性別が異なるだけで、まったく同じ応募書類の解釈がこうも変わったのだ。さらにがっかりしたことに、その傾向は男性教授だけでなく女性教授による解釈にも見受けられた。

ポジティブに誤認される人、ネガティブに誤認される人

性別に限らず、差別という言葉で連想されるものに偏見が生じることを実証した研究は数え切れないほどある。その対象には、人種、民族、階級、性的指向、心身障害、年齢などが含まれる。

今度は、近年、非人道的な問題として大きな注目を集めている、警官の暴力と人種差別について調べた実験を紹介しよう。[7]

その実験の参加者はほとんどが白人の男性と女性で、彼らにはビデオゲームをしてもらった。ゲームでは、現実の世界にあるような場所（ショッピングモールの前や駐車場など）に、何かを手にした人物が突如として現れる。その人物が手にしているのは、銃（銀色のリボルバー式拳銃か黒色の9ミリ拳銃）もしくは別の何か（銀色のアルミ缶、黒色のスマホ、黒色の財布など）のどちらかだ。画面上の人物が手にしているものがよくわからない、ということのないように、研究者たちは苦心して明確に識別できるデザインにした。

実験の参加者は、ゲーム画面に現れた人物が銃を手にしている場合は「撃つ」ボタンで攻撃し、銃を持っていない場合は「撃たない」ボタンを押すよう指示された。ただし、その判断を下す時間には制限が設けられていた。要は、警察官が犯罪が行われている可能性のある場面に遭遇した状況を模しているのだ。すでに予想がついている読者もいると思うが、画面には白人男性が現れることもあれば、黒人男性が現れることもあった。

さて、**寒気のする結果が出たと思っている人は多いのではないか。**

実験では、ゲーム画面に現れた銃以外のものを持っている白人男性に比べて、銃以外のものを持っている黒人男性が撃たれた回数のほうがはるかに多かった。つまり、黒人男性がアルミ缶を手にしていると、銀色の銃に間違われやすいということだ。

加えて、銃を手にした黒人男性より、銃を手にした白人男性のほうが、手に持っているものを誤認されやすかった。つまり、白人男性が黒色の拳銃を手にしていても、黒色のスマホや財布だと判断されやすいのだ。

この実験のフォローアップ調査の一環として、現れた人物が銃以外のものを持っていた場合に「撃たない」ボタンを押す速度を検証する実験も行われた。

今度は、参加者は白人中心にせず、黒人にも参加してもらった。すると、白人と黒人どちらの参加者も、現れたのが黒人ではなく白人のときのほうが、「撃たない」ボタンを押すまでにかかる時間が短かった。

「知的な人」が陰謀論にはまる理由

バイアスの影響を受けにくい人はいるのだろうか？

一般に賢いと思われている人なら、受けにくいのではないか。知的な人は、何が正しくて何が間違っているかがわかり、情報を解釈するときや目の前の状況を見定めるときは、必要な知識を適切に動員するのでは——そう思っている人は多いだろう。

反対に、何かに対して常識とは正反対の反応を示す人がいれば、その人は少々頭が弱いと考えがちだ。たとえば、「新型コロナはただの風邪で命にかかわることはない」と強く信じている人がいたとしたらどうか。そのようなことを信じ、世界中で何百万もの人が亡くなったというのに、そうした人たちはそもそも別の理由で死にかけていたなどと論じているのは、思慮が浅い人だけだと思うだろう。

だが、このような明らかに誤った考えを口にする人のなかにも、別の側面で知性の高さを証明してきた人が大勢いる。

実は、むしろ賢い人のほうがバイアスのかかった解釈にとらわれやすいのだ。というのは、**彼らは自分の意見に矛盾する事実をごまかす術をたくさん心得ている**からだ。

１９７９年に発表され、のちに確証バイアス、それも政治的二極化を招くバイアスに関する論文に頻繁に引用されるようになった、影響力の大きな研究がある。[8] だが、その研究で明らかにされた、「その種のバイアスにとらわれ続けるには、自ら巧妙に知性を使う必要がある」という事実はあまり取り上げられないので、ここで詳しく説明したい。

その研究では、大学生に死刑に対する見解を尋ねたうえで、実験に参加してもらった。参加した大学生の一部は死刑を支持し、死刑が犯罪を抑止すると考えていた。残りの学生は死刑に反対だった。参加者はラボに入るなり、死刑が犯罪率を上げるか下げるかを調べた10の（架空の）研究を通じて明らかになったことを読むよう指示された。10の研究の半分は、次のように抑止効果を示していた。

クローナーとフィリップスは、死刑制度を導入した14の州で、制度を導入する前の年と後の年の殺人事件の発生率を比較した（1977年）。死刑制度の導入後、14のうち11の州で殺人発生率は低下した。この調査から、死刑には殺人を抑止する効果があると思われる。

残りの半分の研究は、次のように、死刑を導入しても犯罪率は下がらなかったと示すものだった。

パルマーとクランドールは、死刑に関する法律が異なる隣り合う10組の州における殺人事件の発生率を比較した（1977年）。10組中8組において、死刑制度を導入している州の殺人発生率のほうが高かった。この調査では、死刑に殺人を抑止する効果は見受けられない。

参加者は、ひとつの研究について読み終えるたびに、死刑に対する意見がどのくらい変わったかを回答した。

ここまで読んで、またもや例の確証バイアスが働いたという話が続くと思った読者もいるだろう。どんな研究をいくつ読もうと、死刑を支持する学生は支持のまま、死刑に反対する学生は反対のまま変わらなかったに違いないと思ったのではないか。

面白いことに、そういう結果にはならなかった。抑止効果があると示した研究を読むと、死刑に賛成の学生も反対の学生も死刑を容認する気持ちが高まった。反対の結果となった研究を読んだ後も同様に、どちらの学生も死刑に反対する気持ちが強くなった。

つまり、自分がもともと持っていた意見と相容れなくても、新たに得た情報の影響を受けたのだ。参加者各自のもともとの意見によって、変化の度合いに違いは見受けられたものの（例：死刑に抑止効果があるという情報を得た後、もともと死刑に賛成だった学生の死刑支持の気持ちが高まった度合いのほうが、死刑に反対だった学生の死刑容認の気持ちが高まった度合いを上回った）、まったく変わらないということはなかった。

「詳しい情報」で、むしろバイアスが強まった

特筆すべきことに、この実験には次の段階があった。参加者は、先ほどは研究結果の簡単な要約しか読まなかったが、次はより詳しい研究内容を読むことになった。特定の州が

研究対象となった経緯（アメリカでは州によって法律が異なるため）や観察期間といった詳細が肉付けされたものを読んだのだ。そこには、結果の詳細も記されていた。

研究の詳細が明らかになると、事態は一変した。詳しい情報を得たおかげで、賢明な参加者たちは、自分のもともとの考えと矛盾する結果を却下する言い訳ができるようになったのだ。

参加者の声の例をあげよう。

「その研究は、死刑制度が復活する1年前と復活した1年後しか調べられていない。信憑性のある研究にするには、少なくとも死刑が復活する10年前からデータを集め、復活後もそのくらい長くデータを集めるべきだった」

「対象とする州の選び方にさまざまな問題があるほか、実験全体に可変要素が多すぎて、自分の意見が変わるには至らなかった」

こうした巧妙な批判を繰り広げることで、参加者たちは、自分の信条や姿勢と相容れない研究には不備があったと自らに言い聞かせた。それどころか、むしろ自分の信条や姿勢は正しいといっそう強く確信するようになった。

死刑の支持者は、死刑の犯罪抑止効果を貶《おとし》める研究の詳細を読むと、死刑を支持する気持ちをいっそう強くした。死刑に反対の人は、抑止効果を認める研究の詳細を読んだ後に、反対する気持ちをいっそう強くした。要するに、**自分のもともとの信条に相反する証拠は、対立を深める結果を招いた**のだ。

証拠を却下する言い訳を考え出すには、分析的に考えるスキルや背景知識がかなり必要になる。データの集め方や分析の仕方、第5章で論じた大数の法則の重要性などを知っていないとできない。研究の記述が簡潔だったときはそういう高度なスキルを持ち出せなかったため、自らの考え方に沿うようにバイアスをかけて解釈することができなかった。だが、詳しい情報を得たとたん、高度なスキルを使って自分の立場と矛盾する研究のあら探しに取りかかり、その結果、信条にそぐわない研究結果が自らの思いを強める役割を果たすことになったのだ。

「推論能力」が高ければ、間違わないか？

ただしこの研究では、参加者個々人の推論能力を直接的に調べることはしなかった。

一方、数学を解く能力について直接的に調べ、その能力の高さによってバイアスにとらわれる度合いに違いが生まれるかどうかを調べた別の実験がある。[9]

こちらの実験ではまず、参加者の数学の基礎能力を測定した。要は、数の概念を使った推論能力をテストした。さまざまな難易度の問題を出題したが、どの問題も共通して、数学的な思考力がある程度ないと正解できないようになっていた。難易度としては、チップの計算より少し難しい程度の問題、たとえば、セールで30パーセント割引になっている靴の価格を求める問題もあれば、もっと複雑な問題もあった。いくつか例を紹介しよう。

Q：5面サイコロを50回振るとする。50回のうち奇数が出る回数は平均何回か？（正解は30回）

Q：森にキノコが生えている。そのうちの20パーセントは赤色、50パーセントは茶色、30パーセントは白色だ。赤いキノコは20パーセントの確率で毒キノコである。赤色でないキノコが毒キノコである確率は5パーセントだ。それでは、この森に生えている毒キノコが赤色である確率は何パーセントか？（正解は50パーセント）

こうした問題を解いてもらったのち、参加者に新作のスキンクリームと発疹の関係性を示すデータを提示し、そこから読み取れることを尋ねた。

そのデータが下の表だ。クリームを使った298人中223人（全体の約75パーセント）の発疹が改善し、残りの75人の発疹は悪化した。このデータに基づき、新作のスキンクリームには肌の状態を改善する効果があると結論づける人は多いだろう。

だが、第2章で確証バイアスの説明に活用した、モンスタースプレーや瀉血《しゃけつ》の例を思い出してほしい。モンスタースプレーを使わなかった場合にどうなるかを確かめる必要があるように、新作のスキンクリームを使わなかった場合についても検証する必要がある。

表のデータによれば、128人中107人（全体の約84パーセント）は、スキンクリームを使わなかったが発疹が改善した。つまり、このデータを見る限り、このスキンクリームを使わなかったほうが、発疹が改善した可能性が高い。

このような結果を正確に評価するのはかなり難しい作業なので、数学の基礎能力を測る問題の点数が高い参加者ほど正

	発疹が改善した	発疹が悪化した
新作のスキンクリームを使った人数（合計＝298）	223	75
新作のスキンクリームを使わなかった人数（合計＝128）	107	21

しく評価した――と言ったなら納得がいくだろう。そして、事実、そのような結果になった。また、民主党支持者と共和党支持者で、この関係を正しく評価する力に差は見受けられなかったことも付け加えておく。

なぜそんなことを言い出すのかと疑問に思ったかもしれないが、実はこの実験には続きがあり、スキンクリームと発疹の関係を示すデータとまったく同じ数字を使った、政治的なテーマの表をほかの参加者に渡していたのだ。

賢いからこそ、進んでバイアスにとらわれる

そのデータとは、銃規制（具体的には、公共の場で拳銃を隠し持つことを禁じる規制）と犯罪発生率の関係を表すもので、次ページの2種類の表が参加者に提示された。ひとつは銃規制が犯罪を増加させたことを示し、大半の共和党支持者の見解を裏付けるもの。もうひとつは銃規制が犯罪を減少させたことを示し、民主党支持者の多くが抱く見解を裏付けるものだ。

民主党、共和党のどちらを支持しているにせよ、数学の基礎能力を測る問題で点数が低かった参加者は、スキンクリームで回答したときや瀉血に効果があると信じた人たちのよ

共和党の意見に一致するデータ

	犯罪が減少した	犯罪が増加した
公共の場で拳銃を隠して携帯することを禁じた都市の数（合計＝298）	223	75
公共の場で拳銃を隠して携帯することを禁じていない都市の数（合計＝128）	107	21

この架空のデータでは、銃を規制した都市の約25パーセントで犯罪が増加したのに対し、銃を規制していない都市で犯罪が増加したのは約16パーセントにとどまっているため、銃規制によって犯罪が増加することが示唆されている。

民主党の意見に一致するデータ

	犯罪が減少した	犯罪が増加した
公共の場で拳銃を隠して携帯することを禁じた都市の数（合計＝298）	75	223
公共の場で拳銃を隠して携帯することを禁じていない都市の数（合計＝128）	21	107

この架空のデータでは、銃を規制した都市の約25パーセントで犯罪が減少したのに対し、銃を規制していない都市で犯罪が減少したのは約16パーセントであるため、銃規制によって犯罪が減少することが示唆されている。

うに、この表からいえることについて、正しい答えを導き出せなかった。彼らの「銃規制は犯罪を増やすか、減らすか」についての正答率は、勘で選んで正解する確率と同じだった。少なくとも、彼らのデータの解釈にバイアスはかかっていなかった。

データが銃規制による犯罪の増加、減少のどちらを示しているにせよ、数学のテストの点数が低かった民主党支持の参加者、共和党支持の参加者のどちらも誤答する確率が高く、スキンクリームのときと同じで、民主党支持者と共和党支持者での違いは見受けられなかった。

しかしながら、**数学の基礎能力を測るテストで高得点を出した参加者にはバイアスが働いた。**

数学の点数の高かった共和党支持の参加者は、「銃規制が犯罪を増加させた」ことを示すデータは正しく解釈する確率が高く、民主党支持の参加者は、「銃規制が犯罪を減少させた」ことを示すデータは正しく解釈する確率が高かった。つまり、数学の基礎能力が高い人は、その力を自分の信条を裏付けるデータに対してのみ使ったということだ。

私は何も、数学的思考力や分析的に考える力があまり高くない人は、バイアスのかかった解釈をしないと言っているのではない。もちろん、そういう人たちもバイアスのかかった解釈をすることはある。銃とスマホのどちらを手に持っているかを人種だけで瞬時に判断する、といったことをするのが「賢い」人々だけのはずがない。

ここで私が言いたいのは、いわゆる「賢い」人たちも、不合理なバイアスから自由ではないということだ。むしろ、賢さがバイアスを増幅させることもあるのだ。

事実を「自分の考え」に一致させようとする

事実やデータを自分の考えに一致させようと歪めて解釈する傾向は、個人や社会への脅威になりうる。その傾向への対策としてできることを論じる前に、人が事実にバイアスをかけて解釈する理由や、そうしていると気づいて防ぐことがなかなかできない理由について考えたい。

まず、動機となる要因が重要な役割を果たしていることは疑いようがない。

たとえば「面目を保つ」、つまりは（実際には違っても）自分は正しいと周囲に示す必要性から動機が生じることがある。また、自分と同じ信条や思いを共有する家族、派閥、政党のために、その信条や思いを守りたいとの欲求が生まれることもある。このように、何かに突き動かされて事実を都合よく解釈する、というのは説明として成り立つ。

しかし、動機となる要因が何もないのに、バイアスのかかった解釈が行われる場面もまたくさんある。

ここで再び、交通信号機を例にあげよう。私は、信号の真ん中の色は黄色だと信じている自分の思いをとりたてて気にしたことはなかった。私はさまざまなことに確固たる意見を持っているが、信号の色はそういう対象ではない。とはいえ、子どものときから信号の真ん中の色を黄色だと誤解していたことは事実で、そうなったのは単純に、真ん中の色は黄色のはずだと思い込んでいたからだ。

ジェニファーとジョンが登場した例で、女性の教授までもがジェニファーにジョンより低い年俸を提示したという事実を思い出してほしい。その女性教授たちが、科学の分野から進んで女性を締め出したいと思っているとは考えづらい。

また、ビデオゲームの実験に協力した黒人の参加者たちは、武器を持っていない黒人ではなく白人が現れたときのほうが「撃たない」と判断するのが早かったが、彼らが「人種差別がもっと社会に広まってほしい」と願っているはずがない。

特定の何かを信じる動機がない場面でも、**自分のなかに存在する思い込みによって、目にしたものや体験したことに色がついてしまう**。認知とはそういうものだ。

認知のメカニズムには、自分の思い込みから生じるバイアスが組み込まれていると自覚しよう。そうすれば、そういうバイアスの根の深さを実感しやすくなる。

つねに脳が勝手に解釈している

バイアスの背後に潜む認知のメカニズムは、私たちがあらゆる瞬間に日々使っているメカニズムと何も変わらない。私たち人間は膨大な量の知識を所有し、その知識は絶えず、外部からの刺激を処理する過程で無意識かつ自動的に使用される。この処理のことを、認知科学の分野では「**トップダウン処理**」と呼ぶ。

他人が口にしたことなどの音声情報の処理の仕方を例に見ていこう。アメリカで育った人なら、「忠誠の誓い」の文言を繰り返し耳にしたことがあるはずだ。「私はアメリカ合衆国の国旗、ならびにその国旗が象徴する、万人に対する自由と正義を携え、神の下で分かたれることのないひとつの国家に忠誠を誓います」

これを読むとき、「分かたれることのない」を意味する「indivisible」を「invisible」と、「象徴する」を意味する「for which it stands」を「for witches stand」と言い間違える子どもは多い。音だけを聞くと、実際にそう聞こえるのだ。文言の意味を考えて初めて、「目に見えない」という意味の「invisible」や、「魔女」を意味する「witches」のはずがないと気づく。

ボイスメールの書き起こし機能を思い浮かべてほしい。私は、電話番号を音声で認識するiPhoneの機能を素晴らしいと思っている。また、近ごろでは音声メッセージの文字起こしもかなり正確になっている。この分野でのAIがこれほど進歩しているというのに、私が先週受け取ったボイスメールの文字起こしは次のようなものだった。

「このメッセージは〇〇宛です。あなたの鼻と喉に叫ぶ（yell at your nose and throat）メアリーです。折り返し電話をください。イェールあなたの鼻と喉（Yale your nose and throat）でした」

〇〇に入るはずの私の名前を文字に起こせなかったことは許せるが（AIに文化的バイアスが組み込まれているなら話は別だが）、「あなたの鼻と喉に叫ぶ」や「イェールあなたの鼻と喉」とは何なのか？

メアリーが残した実際のボイスメールを再生すると、彼女はこれ以上ないほど明確に、「イェール耳鼻咽喉科（Yale Ear Nose and Throat）」と発音していた。

とはいえ、話し言葉はかなり曖昧であるというのも事実であり、不明瞭な言葉や意味は、トップダウン処理を通じて無意識に引き出される知識や膨大な関連情報によって明瞭になる。ボイスメールを再生すると、私のトップダウン処理は瞬時に効力を発揮し、そのおかげで何度再生しても、「あなたの鼻と喉に叫ぶ」とは絶対に聞こえなかった。

同じものが人によって長く見えたり短く見えたりする理由

何か特定のことを信じたいという動機が一切ないときも、人はそのとき何を信じているかによって、同じものでも見方が正反対になることがあるか？　それを自ら確認するために、私はかつての教え子だったジェセカ・マーシュとともに実験を行った。[10]

まずは、実験の参加者全員に1枚のスライドを見せた。スライドの左側は土壌サンプルに内在した「細菌」の絵で（棒のように見えるもの）、右側は「土壌サンプル」の絵だ（269ページの図を参照）。

土壌サンプルの絵には、窒素の有無を明確に示唆する言葉が添えられている。そのうえで、参加者には「これとよく似たスライドをこれから何枚も見せるので、土壌に窒素を発生させる細菌の種類を特定してください」と告げた。

そして60枚のスライドを見せた。どのスライドも、右側はさまざまな土壌サンプルの絵だ。最初のうちは、上の2枚のパネルのように、2種類の細菌を示すものが画面に映し出された。ひとつは細菌が画面の上から下まで伸びているもの、もうひとつは上下にたっぷりと余白をとって真ん中に短い細菌が描かれたものだ。

上2枚の絵を見ればわかるように、参加者が前半に目にしたスライドは、明確に長い細菌の横に、土壌サンプルに窒素が含まれていることを示す「あり」と記したものと、明確に短い細菌の横に、土壌サンプルに窒素が含まれていないことを示す「なし」と記したものだった。

そういう組み合わせのスライドを何枚か見た結果、参加者には**長い細菌が土壌に窒素を発生させると信じる気持ちが芽生え始めた**。そうなるのは至極当然だ。

その後、実験に少々ひねりを加えた。長い細菌が窒素を発生させると参加者が考え始めたタイミングを見計らい、半数の参加者（グループA）には、中間の長さの細菌の横に「あり」と示した絵を見せた。

中間の長さは、明確に長い細菌と明確に短い細菌の長さの中間になるように正確に測って描かれている。つまり、細菌を長いか短いかで区別していた人がこの中間の長さを見れば、長くも短くもない、本当にどちらともつかないものに感じる。まさに中間だった。

この実験を通じて、グループAの参加者は全部で60枚のスライドを見た。その内訳は、明確に長い細菌の横に「あり」と書かれた土壌の絵のスライド、明確に短い細菌の横に「なし」と書かれた土壌の絵のスライド、中間の長さの細菌の横に「あり」と書かれた土壌の絵のスライドの3種類だ。

　これらを見終えた後、彼らは思いがけない質問をされた。

「『長い細菌と窒素がある土壌サンプルの絵』が描かれたスライドを何枚見ましたか？」

　60枚のうち、明確に長い細菌が描かれたスライドは20枚だけで、その細菌の絵は必ず窒素ありの土壌の絵と対になっていた。

　ところが参加者が回答した枚数は、平均すると約28枚となった。長い細菌は窒素を発生させる可能性が高いという仮説が彼らのなかに生まれたせいで、土壌に窒素があると示すスライドが現れると、実際には曖昧な中間の長さの細菌を目にしても、長い細菌だと解釈したのだ。

　グループBとなった残る半数の参加者も、グループAと非常によく似た順序でスライドを目にした。「長い細菌、窒素あり」と

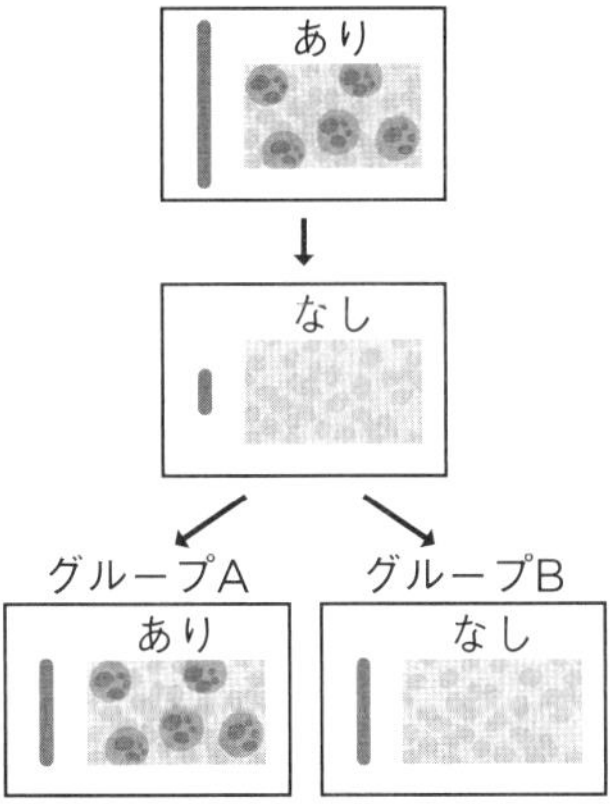

左の棒は「細菌」、右の絵は「土壌サンプル」、「あり」と「なし」は土壌サンプルに窒素が含まれているかどうかを示している。

「短い細菌、窒素なし」の絵から始まるのは同じだが、こちらの参加者に後半見せたスライドは、中間の長さの細菌の絵と「なし」と書かれた絵の組み合わせだった。彼らには、「短い細菌と窒素がない土壌サンプルの絵」が描かれたスライドを何枚見たかと尋ねたところ、回答は平均29枚だった。正解は20枚だ。

脳が解釈しなければ、「人生のすべて」がカオスになる

要するに、両方のグループは実験の後半で、まったく同じ中間の長さの細菌の絵を見たにもかかわらず、グループAはそれを「長い」と認識し、グループBは「短い」と認識したのだ。なぜそうなったかというと、どちらのグループも長い細菌が窒素を発生させると信じて（思い込んで）いたからだ。

実験の前半で思い込みが生まれたことで、曖昧な長さの細菌は、窒素ありの場合は「長い」、窒素なしの場合は「短い」と認識されたのだ。

参加者のなかで、その思い込みを気にかけていた人はいないと推定できる。なにしろ、短い細菌より長い細菌（あるいは長い細菌より短い細菌）を多く見ればお金がもらえる、と

いう類いの実験ではなかったのだから。それに、そもそも中間の長さのスライドは数える必要もなかった。どちらともつかない長さなのだから、無視すればよかったのだ。

だが参加者は、自らそれを「長い」もしくは「短い」に分類した。なぜなら、そうすることがトップダウン処理にとって都合がよかったからだ。

そうして分類すると、**分類した長さに本当に見えるようにもなり始めた**。実験の最後に、参加者に見せた3種類の細菌の絵を彼らの前に提示し、中間の長さの細菌は「長い細菌と短い細菌のどちらに近いか」と尋ねると、グループAは長い細菌に近いと答え、グループBは短い細菌に近いと答えた。

トップダウン処理は、無意識的かつ自動的に行われる。それを使う意思があるかどうかは関係ない。これは、自分を取り巻く世界を理解するうえで必要な処理なのだ。知覚を通じて入ってきた情報を一貫性のある枠組みに当てはめれば、自分のまわりで起こることを予測したり、制御したりできるようになる。トップダウン処理が行われなくなれば、わからないことばかりになり、混沌とした人生を送ることになるだろう。

今度は、極めて基本的な視覚について考えてみよう。

たとえば、この文章を打ち込んでいる私の目にはいま、飼い犬が寝床から出た姿が見えている。私の視野にあるものの物理的な特徴――具体的には、姿かたち、色、輪郭、線、形状――は、絶えず変わり続けている。

だが、私が見ているのは、ひとつの物体（飼い犬）が別の物体（寝床）から出て床に足をつく姿で、形状や色に変化が生じた寝床や床は目に入らない。

では、**視覚情報を知覚するのが私ではなくロボットだとしよう**。そのロボットは、超高性能カメラを使って物理的な信号を完璧に処理できるが、犬や寝床という概念は持っていない。知覚の基本的な原理についての知識はなく、同時に動くパーツがひとつの物体を構成しうることも知らない。もっと抽象的な、たとえば有生性といった概念も理解していないので、無生物を見ても活動体になりうるものと認識し、ＣＧを見ても自然界に実在するものだと認識する。

そうなると、このロボットは同じ場面を私と同じように理解することはできない。知識に基づいて行われるトップダウン処理ができなければ、私たちもこのロボットと同じように、犬と寝床を区別できないし、電化製品や家具が動き出すかもしれないと、絶えず意識することになる。

あなたは絶対にバイアスを止められない

しかしながら、トップダウン処理のせいで事実の解釈にバイアスがかかるという側面もあり、ひいてはその解釈が確証バイアスや偏見を引き起こす。

そのようなバイアスは、しばしばひどい結果をもたらすものだが、そのプロセスをつかさどるのは、私たちが自分を取り巻く世界を理解するために絶えず使い続けている能力である。よって、ひどい結果をもたらすからといって、そのプロセスを簡単に止めることはできない。そのプロセスは、私たちに必要なものなのだ。

まずは、**解釈にバイアスがかかることは絶対に止められない**と理解しよう。歪んだ解釈の危険性に立ち向かうためには何ができるかを考えるには、この認識を持つことが最初の一歩としてふさわしい。

自分の思考にバイアスは生じていないと思い込んでいたり、そういうバイアスに苦しめられるのは自分と違って頭の回転が遅いタイプの人だけだと思っていたりすると、思考のバイアスを克服するのはますます困難になる。

だが、それはトップダウン処理の一部なのだと思えば、「どんな人でもバイアスがかかることはある」と受け入れられるようになる。

こうした認識をつねに頭に置いておけば、この先4歳の子どもに黄色の信号はオレンジ色だと指摘されたときには、その指摘を柔軟に受け止め、新たな視点を持てるようになるだろう。


残念ながら、生きていくうえでの問題は、信号のようによく見れば解決できるというものばかりではない。たとえば、自分に対して誤った認識を抱いていて、「自分は負け犬だ」や「お先真っ暗だ」などと思っていると、その思いを修正するのは一筋縄ではいかない。

どういうことか詳しく説明しよう。

自分を疑いたくなることは誰にでもあるが、その感覚が払拭できず、自分への不信感が自己認識の一部になる人がいる。

そうなると、自分の身に起きたことをその歪んだ認識に基づいてすべて解釈するので、自分への不信感はますます強大になる。そういう状態に陥れば、自分一人の力で自己不信から解放されることはほぼ不可能だ。

臨床心理学には「認知行動療法」と呼ばれる治療がある。

これは、深く染みついたネガティブな思考のバイアスを正すことに特化した心理療法だ。

「よりよい思考の仕方は学習する必要がある」などと聞くと訝《いぶか》しむ人がいるかもしれないが、**実際それは学習しなければ身につかない**。

こう考えてみてほしい。ビュッフェ形式のレストランに行ったとき、パックマンみたいに、目の前の料理を手当たりしだいに口に放り込む人はいない。人はふつう、食べる料理と食べない料理を自分の意思で選ぶ。

思考も同じだ。私たちの頭のなかにはつねにたくさんの考えが浮かんでいる。そして、どれに関心を向け、どれを見過ごすかは、自分で選ぶ必要があるのだ。

ネガティブな考えにふける悪癖が身についていて、その悪癖をなくしたいと思っているなら、誰かの助けを借りなければならない。スポーツジムには、器具の使い方を教えてくれて、励ましてもくれるインストラクターがいる。彼らがいるから、人は頑張れる。

認知行動療法は高い効果があると実証されているが、それはインストラクターの協力の下で体調を整えるようなものだ。1回の治療で魔法の杖をひと振りしたような効果は生まれない。何週間も治療に通い続けながら、指導されたことを日常的に繰り返し実践することが求められる。

この例からも、バイアスのかかった解釈を克服するのはとても難しいということがよくわかる。

「考えが正反対」の相手を変えられるか?

では、ここで視点を変えてみよう。

バイアスのかかった解釈で誰かに迷惑をかけられたり、嫌な思いをさせられたりしたときはどうすればいいいか?

そういう場合にもやはり、**バイアスは人の認知につきもの**だと理解していれば、自分とものの見方が違う人に対して寛容になれるはずだ。相手には必ずしも悪意があるわけではなく、たんに、その人独自の視点からものを見ているだけかもしれない。

バイアスのかかった解釈をしている人に対し、毎回身構える必要はない。場合によっては、相手のものの見方を変えようとするよりも、視点の違いによって生じた問題の解決に力を注ぐほうが、簡単かつ効果的なときもある。

例をあげて説明しよう。

庭の芝をいつも完璧に手入れしておきたいグリーン氏の家の隣に、「芝の手入れは危険な薬品を使うし、水もムダなので環境に悪い」と思っているブラウン氏が住んでいる。

グリーン氏からすれば、ブラウン氏宅の庭は悪夢のように醜く、有害で手に負えない不快な雑草の温床だが、ブラウン氏の目には、寒さに強い在来種のさまざまな野生の花が咲く美しい庭として映っている。

『グレート・ギャツビー』に出てくるこれとよく似た場面では、ギャツビーは自分が雇っている庭師を隣人宅に送り込んで草の手入れをさせた。だが、仮にグリーン氏に同じことができる財力があるとしても、ブラウン氏の哲学を思えば、そのやり方で二人の関係がよくなるとは思えない。

グリーン氏は、芝の手入れが環境にいいか悪いかを議論するのではなく、ブラウン氏の庭が目に入らないように垣根となる木々を植え、その木々の手入れに意識の矛先を向けるほうがいいかもしれない。

もっとも、この章でも見てきたように、バイアスのかかった解釈が引き起こす害は、隣にある目障りなものといったレベルの話ではすまないこともある。

特定の集団に対する偏見は、いとも簡単に生死に関わる問題を生み出しかねない。

自分にとっての道徳に反する意見を持つ人と出会ったときは、どうすればいいのか？

みなさんもご存じのように、**他者の世界観を変えることは本当に難しい**。今後も良好な親戚づきあいを続けたいなら、親戚が集まる感謝祭のディナーの席で政治を話題にしてはいけないと学んだ人は多いはずだ。

そういうことが起こるから、システムレベルでの政策や規制が必要になるのだ。

たとえば、新型コロナのワクチンは有害だと信じている人を説得し、ワクチンを接種させることは途方もなく難しい。私の友人の友人の友人は生物学の博士号を取得していながら、mRNAワクチンが遺伝子に致命的な損傷を与えるという複雑で誤った理論を展開している。

それでも、彼女の大学生になる娘は、キャンパスに戻る条件として大学からワクチン接種を求められたため、結局ワクチンを接種した。

これは、**たとえ人々の意見が大きく分かれていようとも、システムレベルで変えれば公衆衛生が守られる**という一例だ。

1972年の雇用機会均等法も同様に、人種、宗教、肌の色、性別、出生国による差別にシステムレベルで対処した取り組みの一例である。

当然ながら、私たちはこれからも、教育を含め、人々が持つ偏見を取り除くために可能な限り努力を続けていかなくてはならない。

だが、健康、価値観、安全にまつわる自分の考えや思い込みによってバイアスがかかった解釈は、一度形成されたら定着しやすく、変えることは容易ではない。

しかもそうした偏見には、歴史、文化、経済、政治など、社会や組織的な要因から生まれたものも多い。

もっとも、システムレベルで変化を起こすことにも、難しさが伴う。なにしろ、変化を決定する人々も、やはりバイアスのかかった解釈にとらわれやすいのだから。

それでもシステムレベルの問題は、別のシステムによってしか対抗できないこともある。

そういうときは、明確かつ公正に、公共の利益を守ることを目的としたシステムを意識的につくるしかない。

Chapter

07

「知識」は呪う

「自分が知っていること」はみんなの常識？

私と夫がほかの2組の夫婦とともに食事会に参加したときのことだ。

仲間内では、その会の主催者は気の利いたパーティーゲームをすることで有名だった。その晩は、ワインのテイスティングゲームを提案された。

まずは各夫婦の前に4つのグラスが置かれる。グラスにはA、B、C、Dのラベルがついていて、異なる赤ワインが注がれている。各夫婦の代表が、それぞれ4つのワインすべてを味わい、感想をカードに書く。書くのはワインの味の表現のみとし、A、B、C、Dのラベルを示唆することを書いてはいけない。記入を終えたら、もう一人もすべてのワインを味わい、パートナーが表現したワインを当てるというものだ。

一緒に参加した夫婦のうちの1組は、ワインの熱烈な愛好家だった。大きなワインセラーを所有し、世界各地のワイナリーを訪ねて回っている。その夫婦は夫がワインを味わい、「ミディアムボディ」「オーク樽で熟成された」「渋みがある」「バターのような《バタリー》」「ハーブのような《ハーベイシャス》」といった、ワイン通ならではの表現を使ってワインの感想を記した。

彼の妻がそうした表現を読み上げたとき、私は本当に気《き》後《おく》れがした。だが結局、彼女がその表現と一致させることができたのは1種類だけだった。難しいゲームなのだ。

もう1組の夫婦は二人とも英語学の教授で、代表となった夫はそれぞれのワインについて短い詩を綴った。あるワインは、夫婦の記念日に泊まった山小屋から見下ろした谷にたとえ、別のワインは、試練を乗り越えたときに夫婦で分かち合った喜びにたとえた。それほど壮大な詩を即興でつくりあげたことは本当に驚異的だった。その素晴らしい詩を彼の妻が美しい声で歌うように読み上げるのを聴いて、私たちは感嘆するばかりだった。とはいえ、詩とワインはひとつも一致しなかった。

当時の私たち夫婦は結婚してから15年ほどたっていて、二人とも心理学の教授だ。心理学者は他人の心を読めるのかとよく尋ねられるが、私も夫も読めないと答えている。自分たちの研究から何を教わったかといえば、それは、他人の胸の内を読むどころか、**自らの胸の内の理解についても過信している人がほとんど**だということだ。

とはいえ、夫は私のことを本当によくわかっていて、私がワインについて何も知らないということを確実に知っている。私の味覚は正常だが、箱に入った安物の白ワインでも、高価な年代物のワインのように楽しめる。赤ワインに至っては、好んで飲もうとすら思わない。

夫は1分もかけずにカードの記入を終えた。カードを読んだ私は笑顔になり、カードとワインをすべて一致させた。4枚のカードにはそれぞれこう書いてあった。

「いちばん甘い」「2番目」「3番目」「いちばん甘くない」

あなたの「皮肉」は実は全然通じていない

私たちは絶えず他者とコミュニケーションを取っている。新たなアイデアや感情を口頭や文章で誰かに伝え、誰かが自分に聞かせたいことや読ませたいことを聞いたり読んだりしている。それにもかかわらず、コミュニケーションというものがいかに難しいかを理解できていない。

ワイン当てゲームの後、2組の夫婦はかなり悔しそうだった。自分の完璧な表現が連れ合いに伝わらないとは思いもしなかったのだろう。ワイン愛好家の夫婦は、「赤ワインに呼吸させる時間が十分でなかったため力を発揮できなかった」と不満を述べた。

残念ながら、ミスコミュニケーション(コミュニケーションの行き違い)は私たちが思う以上に頻繁に起きていて、それはよく知っている人が相手でも例外ではない。

そこで、私たちの「コミュニケーション下手」をこれ以上ないほど明確に実証したふたつの研究を紹介しよう。

まずは、メールなどの文字を使った書き言葉によるコミュニケーションから見ていく。

私たちは文字を使って、友人や家族に近況を知らせたり、質問をしたり、ジョークを飛ばしたりする。そのやりとりのなかで皮肉な物言いをする人は多く、たとえば、「あの集まりに行けなくて、ああ悲しい」や「上司がまたやってくれました」などと送る。

人は皮肉を文章に込めて送るとき、相手がそれを皮肉として受け止めるものだと思っている。また、自分が文章を受け取る側になれば、相手の皮肉をちゃんと察することができると自負している。だが、**はたして本当にそうだろうか?**

ある研究で、自分の友人が書いた文章を使って「皮肉を認識する能力」を確かめる実験が行われた。[1]

実験の参加者は友人どうしでペアを組み、一人がペアの相手にさまざまな一文のメッセージをメールするよう指示された。メッセージのいくつかは皮肉を込めたもの、残りは真面目なものだ。

送信者は、皮肉の有無は理解されるとかなり自信を持っていた。なにしろペアを組んだ相手は本当の友人なのだから、皮肉が込められているかいないかはわかって当然ではないか。メッセージの受け取り側もまた、自身の判断力にそれなりの自信を持っていた。

ところが正否を集計すると、正答率は50パーセント程度で、**コインを投げて答えを選んだときと変わらないレベルの結果**だった。

私たちがこれまでツイートやメールに皮肉を込めて書いたジョークの半分は本気にされ、真面目に書いたものの半分が皮肉やジョークだと受け止められていたかもしれないと思うとゾッとするのではないだろうか。

「声の調子」を調整しても、伝わらない

気休めになるかはわからないが、これまでにあなたが発してきた皮肉のすべてについて不安になる必要はない。

先の研究結果はあくまでも、**「メッセージを文字にして送った場合」**の結果だ。同じような皮肉を込めた文章や真面目な文章を音声メッセージとして送ると、ほとんどの場合、受け取った相手はその意図を正確に理解した。なぜそうなるかというと、少なくとも英語に限っていえば、皮肉が込められているときは話し手の声の調子でわかるからだ。

英語で皮肉を言うときは、音節を伸ばし気味に話したり、声が少し高くなったりする。そういう声の調子が示唆することに、気づかない人はまずいない。

とはいえ、やはり少しはビクビクすることになるかもしれない。別の研究を通じて、自分の意図と声の調子を意識して一致させて伝えようとしても、相手に意図が伝わらないケースは多々あると判明したのだ。

この研究では、日常会話に頻繁に出てくる曖昧な文が実験に用いられた。[2] たとえば、

「この服初めて着たんだけど、どう?」といった問いかけだ。

あなたのパートナーや友人がそう尋ねるのは、似合っているか心配だからかもしれないし、自分に似合うと思っていてほめ言葉を誘っているのかもしれない。あるいは、新しい服を着ていると気づきもしないあなたに腹を立てている可能性もある。

考えてみれば、**曖昧な意味で使われる表現はいろいろある。**

たとえば「ほっといて」という言葉は、「忙しい」という意味のほか、「あなたに対して怒っている」という意味でも使うことができる。「そのサラダ、どう?」というシンプルな問いかけも、「まずいよね?」や「私がつくったサラダについて、ほめ言葉のひとつくらい言ってもいいんじゃない?」といった意味にもなれば、文字どおり、そのサラダがおいしいかまずいかを尋ねているだけかもしれない。

こうしたさまざまな意味を持つ言葉に関しては、皮肉と違い、それぞれの意味だとわかる声の調子などはない。

「夫婦」でも「赤の他人」でも理解度は同じ

その研究で行われた実験は、ペアを組んだ参加者のどちらか一人に、いま紹介したようなメッセージをいくつか渡し、それをペアの相手に向かって発言して、指示された意味を伝えるというものだった。ペアの聞き手は、話し手が発言するたびに、4つの選択肢からその意図に沿うものを推測して選ぶ。

参加者のペアは「ラボで初めて会った人どうしのペア」、もしくは、友人や配偶者といった「親しい間柄で組んだペア」のどちらかであった。夫婦ペアの結婚歴は、平均14・4年だった。

この実験で話し手となった参加者も、皮肉について調べた実験のときと同じで、自分が伝える意図は聞き手に理解されると自信を持っていた。当然、友人や配偶者とペアになった話し手ほど、その自信はことさら強かった。

ところが、**聞き手が旧知の相手でも初対面の相手でも、メッセージの意図の理解度に違いはまったく見受けられなかった。**聞き手が話し手の意図を正確に推測できたメッセージの数は、平均すると半分にも満たなかった。

つまり、結婚して14年たった後でも、相手にいくつもの意味に取れるメッセージを言うときは、声の調子に意味を込めても、半分の確率で、その意図が正確に伝わっていないかもしれないのだ。

「自分の持っている情報」で考えてしまう

——「自己中心性バイアス」とは何か?

もちろん、友人や家族の言葉を誤解したい人も、誤解されたい人もいないだろう。ならば、なぜそのような誤解が生じるのか?

人は何かを知覚すると、必ず自分が持つ知識に照らしてそれを解釈する(これについては第6章で説明した)。この作業は自動的かつ無意識に行われるため、**自分以外の人もみなの見方をすると思い込みかねない**。このように、自分の持っている情報からものごとをとらえる傾向のことを「自己中心性バイアス」と呼ぶ。

——たとえ自分が持っている知識を持っていない人であっても——自分と同じようなもの

このバイアスは幼い子どもにも備わっていることが、研究を通じてわかっている。それを実証した有名なタスクを紹介しよう。

サリーはおはじきをひとつ持っています。そのおはじきをカゴに入れました。その後、サリーはカゴを置いて、散歩に出かけました。

アンがカゴからおはじきを取り出し、カゴの横に置いてある箱に入れました。
サリーが散歩から戻ってきました。おはじきで遊びたいと思っています。
サリーはどこを探すでしょう?

正解はもちろん「カゴのなか」で、箱ではない。しかし、4歳未満の子どもに尋ねると、ほとんどの子が「箱を探す」と答える。そうなるのは、子どもたちが「おはじきは箱に入っている」と知っているからだ。

彼らには、誤信念を持つ、つまりは誤ったことを信じる人がいるということが理解できない。自分が知っている事実と違うことを他人が信じている理屈がわからないのだ。

それを理解するために必要なのが、いわゆる「心の理論」である——これは、他者の心の状態について推測する心の機能を指す用語だ。

知っているせいで間違ってしまう
——「知識の呪い」とは何か?

この子どもへの問いかけはあまりにもあからさまなので、大人なら絶対に間違わないと思うかもしれない。だがその後の研究から、大学生の理解にもよく似た問題が見受けられると判明した。[3]

その実験に参加した大学生は、まず、ヴィッキーという名の女の子についての知識を仕入れた。

> ヴィッキーは部屋でバイオリンを練習していて、その部屋には色違いの箱が4つある。ヴィッキーは練習を終えると、「青い箱」にバイオリンをしまって部屋を出た。ヴィッキーが部屋を出ているあいだに、デニースがやってきて、バイオリンを別の箱に移した。

この時点で、参加者の半数にはデニースはバイオリンを「赤い箱」にしまったと伝え（この参加者たちを「有知識グループ」と呼ぶ）、残りの半数にはデニースがしまった箱の色を教えなかった（こちらの参加者たちを「無知識グループ」と呼ぶ）。

そのうえで、両グループの参加者に、「デニースは箱を並べ替え、青い箱があった位置に赤い箱を置いた」と告げた。

そして最後に、「ヴィッキーが部屋に戻ってきたとき、彼女はバイオリンを求めてどの箱を開けると思うか」と尋ねた。正解はもちろん「青い箱」だ。

ところが、有知識グループ（バイオリンは「赤い箱」にあると知っている学生たち）は、自分の知っている情報を完全には無視できず、「赤い箱」と答えた学生の割合が無知識グループよりも高かった。

これが「**知識の呪い**」だ。

ひとたび何らかの知識を得ると、たとえ大人であっても、その知識を持たない人の視点からものごとを考えづらくなるのだ。

全然当たらない「曲名クイズ」

ボードゲームのピクショナリーで遊んだことのある人なら、知識の呪いがもたらす被害を実感した経験があるのではないか。

これは、参加者を2チームに分け、それぞれのチームの1人がカードを引いてそこに記されているお題を絵で表し、同じチームのメンバーがその絵を見てお題を当てるというゲームだ。

たとえば、お題を引いた人が長髪の人の顔を描いたとしよう。おそらく絵の人物は女性だ。その証拠に、胸の膨らみが描かれている。女性の隣にはひとまわり小さい4人の人間がいて、4人とも髪が長く、胸の膨らみがある。

いったい、この絵は何を表しているのか？　時間になっても誰も正解を出せずにいると、絵を描いた人に知識の呪いが発動し、同じチームのメンバーに声を荒らげる。

「こんなにわかりやすいのにどうしたの？　どう見ても『若草物語』でしょ。母親と4人の娘がいるんだから」

次のターンでは、自分のほうが絵がうまいと豪語する別のメンバーがカードを引き、ライオンの顔を描く。同じチームの誰かが「ライオン！」と叫ぶが、正解ではない。

ほかのメンバーから、何か描き足してほしいとのリクエストが飛ぶ。しかし、絵を担当するメンバーは、すでに描いたライオンの顔を何度も指す。この絵だけでわかって当然といわんばかりだ。チームの誰かが「たてがみ！」と声をあげる。これも違う。絵を描いたメンバーはまたもや絵を指す。持っているペンで何度も強く指しすぎて、紙に穴が開いてしまった。

知識の呪いは、これほどの苛立《いらだ》ちを引き起こすこともあるのだ。それでもまだ正解は出ない（ちなみに答えは『ナルニア国物語』だった）。

当然ながら、ピクショナリーはゲームなので、そう簡単には答えられないようにできているし、誰もが絵を上手に描けるわけでもない。

そこで今度は、テクニックらしいものはほぼ必要にならない有名な実験を紹介しよう。テクニックどころか、**2分つきあってくれる人がいれば、自宅でもどこでも挑戦できる。**

それは、ペアを組んだ相手に自分が選んだ有名な曲を当ててもらうというものだ。

たとえば、実験に挑戦したメアリーが、童謡の「メリーさんのひつじ」を選んだとしよう。メアリーは、歌わずに手拍子でその曲を表す。ペアの相手は手拍子を聞いて、その曲名を当てるのだ。

読者のみなさんも、適当な曲を選んでやってみるといい。手を叩いていると、当てられない人などいるわけがないと思うかもしれない。

実験では、手拍子で曲を表した叩き手は、聞いた人の50パーセント前後は正解できるはずだと予測した。

では、50パーセントの聞き手は実際に正解したか？

叩き手が簡単に当てられると感じたのは、何の曲を叩いているかをわかっていたからにほかならない。**手拍子で表された120曲のうち、正解が出た曲はわずか3曲だった。**[4]叩き手たちの頭に正解の曲が流れていたばかりに、彼らは自分の手拍子で何の曲かわかってもらえると錯覚したのだ。

実験につきあってくれるパートナーにもう2分ほど時間をもらえたら、パートナーにも曲を選んで手拍子で表すようにお願いするといい。そうすれば、知らない曲を手拍子で聞かされる側の気持ちも体感できる。

私が講義でこのエクササイズを行うと、クイーンの「ウィ・ウィル・ロック・ユー」という誤答が頻繁に飛び交う。なにしろ、実際に叩く音（厳密には足を踏み鳴らす音）だけで始まる曲なのだ。あの「ハッピー・バースデイ・トゥ・ユー」ですら、ロックミュージックに聞こえかねない。

「相手にとってもわかりやすい」と思ってしまう

知識の呪いは、メッセージを伝える側に、そのメッセージの「わかりやすさ」について過信をもたらす。

たとえば、叩き手がほんの少しリズムを間違って叩いたせいで、聞き手が途方に暮れるということはありうる。ところが叩き手はその小さなミスを気にとめず、ほんの数秒前にも同じフレーズを叩いているのだから大丈夫、と考えるかもしれない。

このときもやはり、叩き手は聞き手の頭のなかにも自分が手拍子で表す曲が流れていると想定している。それは、ピクショナリーの例で絵を担当するメンバーが、『ナルニア国物語』の表紙を頭に思い浮かべながらライオンを描き、これ以上描き足せるものはないと思い込んでいるときとまさに同じ状態だ。


この章の冒頭で紹介したワイン当てゲームにも、知識の呪いの影響が見て取れる。私たち夫婦にとっては、自信のなさが有利に働いた。夫は私がワインに不慣れ（正確にいえば無知）であるとちゃんと理解していたので、無知でもわかる言葉を使う以外に道はなく、それが結果的に功を奏したのだ。

実際、**知識が豊富で賢い人が必ずしも優秀な教師や指導者になるとは限らないのは、知識の呪いが一因だ。**

そういえば、ノーベル賞受賞者の講義を受けた大学生たちが、その人物が研究者として優秀であることは間違いないだろうが、何を言っているのかはさっぱり理解できなかったと不満を漏らしているのを聞いたことがある。

私のかつての教え子の一人は、グラミー賞を何度も受賞している名演奏家にバイオリンを習っていた。その演奏家はいい先生だったかと尋ねると、彼女は上手にはぐらかした。
「先生は、自然にバイオリンを弾けるようになった人ですから」

人は全然「相手の視点」から考えない

相手の視点から考えることを怠ったばかりにコミュニケーションに失敗する例は多々ある。

といっても、この章で見てきたような、「相手が何を考えているかがわからない」状況についての話ではない。

ここからは、相手の知識や考え、見え方、好みを「わかっている」状況での不合理な失敗について見ていく。

これから紹介する例では、相手が頭に思い浮かべていることに応じて行動が変わることになるので、相手の頭のなかについても考慮しなければならない。だが、そう意識していても、私たちは相手の視点を考慮し忘れてしまう。

このような現象の例として知られているのが、「**ステータス・シグナルのパラドックス**」だ。[5] 次の文章は、ある実験の参加者に渡されたシナリオだ。

あなたはデンバーに引っ越してきたばかりで、繁華街のバーに出かけて知り合いをつくろうとしています。なんとしても、親しくつきあえる新たな友人を何人かつくりたいからです。

出かける準備をしている際、ふたつある腕時計に目がとまりました。ひとつは高級ブランドの腕時計で、もうひとつは安物の大量生産品です。今日のあなたの装いは、どちらの腕時計でもしっくりきます。

ブランドの時計をつけた場合、出会った人たちがあなたと友だちになりたいと思う度合いはどのくらいだと思いますか? 大量生産の腕時計をつけた場合は、どのくらいになるでしょう?

これを読んで、**ブランドの腕時計をつけていこうと考えたあなたは、実験の参加者の大多数と同じ**だ。

選択の対象が、「サックス・フィフス・アベニューのTシャツか、ウォルマートのTシャツか」、「BMWか、フォルクスワーゲン・ゴルフか」、「カナダグースのコートか、コロンビアのコートか」に変わっても、結果は同じだった。

孔雀が玉虫色の羽を見せびらかすように、人間も高級な品を見せびらかすことで、ステータスの高さを他者に示したがるのだ。「PRADA」と書かれたハンドバッグ、ロレックスを象徴する王冠のロゴが描かれた時計、ガルウイング仕様の真っ赤なフェラーリなどがいい例だ。

ところが、その実験に参加した別のグループの結果は、これと矛盾する。

実は、このグループも先のグループも、みな同じ施設の利用者で（よって、先のグループの参加者たちと嗜好や価値観が似ていると思われる）、異なる質問をするために無作為にふたつのグループに分けていたのだ。

こちらのグループには、どちらの腕時計をしている人に、より関心を持つかと尋ねた。彼らの答えは反対だった。友人になるなら、ロレックスではなく大量生産品の腕時計、サックス・フィフス・アベニューではなくウォルマートのTシャツを着ている人、BMWではなくゴルフに乗っている人のほうを選ぶと答えたのだ。

友人候補の目に魅力的に映る装いを選ぼうとするときに、「ステータスの高さを示したい」という自己中心的な視点にとらわれると、選択を誤ってしまう。

これから友人になるかもしれない人が、タグ・ホイヤーの腕時計をしてきたり、

「GUCCI」と金色のロゴの入った黒いTシャツを着てきたら、あなたならどう感じるだろう？

一瞬立ち止まって**自分と反対の立場の視点を考慮しさえすれば、選ぶべき腕時計はどちらかすぐにわかる**はずだ。

たとえ相手の関心を引きたいときでも、いや、関心を引きたければなおのこと、相手の視点から考えることを忘れてはいけない。

どうしても「自分の視点」にこだわってしまう

次に紹介する実験は、考慮できる状況でも他者の視点は蔑ろにされやすいということを教えてくれる。[6] これにはどうやら、育った文化も関係しているようだ。

実験の参加者となったシカゴ大学の学生たちは、ペアでゲームを行うと告げられた。参加者はそれぞれ「ディレクター」の向かいに座った。ディレクターは実験の調査員だ。ディレクターと参加者のあいだには、木のフレームが設置された。大きさは約50センチ四方で、10センチ強ほどの厚みがあり、フレームの内側は4段4列に均等に分割されている（301ページの図を参照）。この16マスのいくつかに、リンゴ、マグカップ、ブロックなどが置かれた。

参加者は、ディレクターの指示に従って置いてあるものを動かすタスクを与えられた。たとえば、ディレクターが「ボトルをあなたから見て左に1マス動かしてください」と言ったら、参加者はボトルを見つけてそれを手に取り、左に動かす。その動きは参加者とディレクターの両方に見えていて、参加者はディレクターの指示に従うだけでいい。

何度か練習したのち、ディレクターが指示をする。

「ブロックを1段上に動かしてください」

ボトルやリンゴのときは、1個しかないのでそれを動かせばよかった。だがブロックは、左側の図を見てわかるように2個ある。厳密にいうと、ディレクターの視点(右側の図)からはブロックは1個(上から3段目に置いてあるほう)、隠れている。

参加者側からも、マスの背後がふさがっていることははっきりと見て取れる。おまけに彼らは、練習の際、席を入れ替わってディレクター役も実践しているので、フレームの反対側がどうなっているかもわかっていた。

こうした事実を踏まえると、ディレクターからブロックを動かす指示が出たときに、参加者はすぐさまどちらのブロックのことか、つまりはディレクター側から唯一見えている、上から2段目にあるブロックのことだとわかったはずだ。

ディレクターを務めた調査員たちは、指示を出すたびに参加者が動かし終わるまでにかかる時間を測定した。

そして、ブロックが2つあったとき（隠れたマスにブロックがあったとき）と1つしかなかったときとで、参加者が要した時間を比較した。

どちらの場合でも動かすブロックは明らかなのに、ブロックが1つしかなかったときに比べて、2つあったときに要した時間は130パーセント長かった。

しかも参加者の3分の2近くが、**臆面もなく「どちらのブロックですか？」と尋ね、何度も確認を取る人までいた。**

また、ディレクターの視点をまったく考慮せず、

参加者の視点

ディレクターの視点

ディレクターからは見えないマスにあるブロックを動かした参加者もいた。

「英語」と「広東語」では結果が違った

興味深いことに、この混乱は英語を母語とする参加者だけに起きた。中国で生まれ育ち、アメリカにきてから10か月もたっていないシカゴ大学の学生にも広東語で同じ実験を行ったところ、ブロックが1つでも2つでも、指示に従って動かし終えるまでにかかった時間はまったく同じだった。要するに、ディレクターの視界に入らないところにある物体は完全に無視し、ディレクターとまったく同じものを見ているかのように行動したのだ。

「どちらのブロックですか?」と尋ねた学生が一人だけいたが、質問の意味に気づいたときは、かなり恥ずかしく感じたに違いない。

このような文化的な違いが生じる理由については、**集団主義と個人主義の社会の違い**を理解している人ならピンとくるだろう。

韓国、日本、インド、中国などは、集団を重んじる文化だといわれている。そうした国で育つと強い帰属意識が育まれるので、自分が属する集団に対する義務や責任を折に触れては思い返し、絶えず社会規範に注意を払うようになる。

シンプルな例として、レストランで食事を注文する場面を思い描いてみてほしい。アメリカでは自分の食べる料理は各自で注文するのが一般的で、ほかの人と同じ料理を避けたがる傾向がある。注文をする際、一緒に食事にきた相手に何を頼むつもりかと尋ねれば、「あなたがあの料理を頼むつもりなら、私はこっちにする」といった答えが返ってくる。二人とも同じ料理がどうしても食べたいとなったときは、違うものにせず申し訳ないといった気持ちになる人もいる。

韓国や中国では、メインの料理はみなでシェアするのが基本だ。また、昼食など軽めの食事を個々に頼むときでも、年長者や立場が上の人が料理を注文すれば、たいていはそれと同じ料理をまわりも注文する。

集団主義の文化では、自分の属する集団に忠誠を示し同調することが重んじられ、ときにはそれがプライバシーや個人の権利の保護よりも優先される。

新型コロナウイルスのパンデミックのあいだ、韓国ではほぼ全員が政府の命に従ってマスクを着用し、店を閉めた。ある宗教団体が屋内で集会を開いて集団感染を引き起こすと、その団体の指導者は、テレビの全国放送で土下座して謝罪することになった。

店舗、レストラン、ナイトクラブ、カラオケ店など、感染リスクの高い場所では、QR

コードで入場者を記録するシステムの導入が義務づけられた。陽性者のクラスターが発生すれば、その場所を訪れた人に検査を強要する通知が届いた。社会全体が同調するそのさまは、アメリカのような個人主義社会に暮らす人々には想像がつかないだろう。

集団主義社会に溶け込むには、**他者が何を考えているのか、自分は他者からどう思われているのかということを絶えず意識する**必要がある。

社会の規範への同調というかたちでの社会性の獲得は、幼少期から始まる。集団主義的な社会で生まれ育った人は、そうやって他者の考えていることを読む訓練を絶えず積んでいるため、他者の視点で考えることに長けていて、ほぼ反射的にそれを行うのだ。

最低限のレベルで「他人の考え」を理解できるようになる

ではどうすれば、他者の考えや意図、信じていることや感じていることを適切に理解できるようになるのか？

集団を重んじる文化で育った人たちがそういう理解を得意とするのであれば、このスキルは教わって習得できるはずだ。

とはいえ、他者の思いや感情を把握する能力を高めるためだけに、集団を重んじる国や地域に引っ越したり、数年ほどわが子をそうした地域に送り込んだりするわけにもいかない。

それにお察しの方もいると思うが、他者がどう思うかにあまり敏感になりすぎても、それはそれで問題がある。個人主義の社会で暮らす人にしてみれば、集団主義社会のレストランで、まわりと同じ料理を注文するよう無言の圧力がかかることに、異様とまでは思わなくとも違和感は覚えるだろう。

公衆衛生上の緊急事態のときとはいえ、自分の居場所がつねに他者に知られているというのも、ジョージ・オーウェルの『1984年』のディストピアのようだ。

加えて、他者の意見を過剰に意識しすぎれば、精神的に深刻な問題を抱えかねないとの報告もある。精神疾患とまでいかなくても、現実の世界やインターネットの世界での高圧的な態度にストレスを受けやすくなる。

はっきりいって、**他者が考えていることの解明には、夢中になりすぎるべきではない。**しかしながら、最低限の基本的なレベルで他者の考えていることを理解できるようになる必要は絶対にある。その理解は、通常の社会生活を送るうえで欠かせない。

子どもが嘘をつけない理由

それでは、幼い子どもの理解力を高める方法から見ていこう。

先に述べたように、2、3歳の子どもには、「自分が知っている事実とは異なることを、他者が事実だと誤信する場合がある」ということが理解できない。

ところが、ある研究を通じて、その年齢群の子どもにそのことを教えて理解させようと思えば、2週間もかけずにできることが示された。[7] 興味深いことに、その検証は子どもたちに嘘のつき方を覚えさせるなかで行われた。嘘をつくには、「自分は正解を知っていても、ほかの人はそれを知らない可能性がある」と理解していることが前提となる。2、3歳の子どもはそれを理解していないから、嘘をつけないのだ。

その研究では、3歳児にまずはゲームを教えた。2つあるカップを逆さまにし、そのどちらかに調査員がキャンディーを隠すというものだ。どちらのカップに隠れているか当てることができたら、キャンディーがもらえる。

次は、子どもにキャンディーを隠させ、調査員がどちらのカップに隠れているかを当てるようにした。子どもたちには、調査員が間違えればキャンディーがもらえると教えた。

子どもがキャンディーを隠し終えると、調査員はキャンディーはどこにあるかと子どもに尋ねた。

子どもたちは、尋ねられればきまって、キャンディーが隠れている正解のカップを指差した。キャンディーを自分で隠したばかりでも、**それがどこにあるかを調査員はすでに知っていると思ってしまう**のだ。3歳の彼らは、自分は事実でないと知っていても、それを事実だと誤信してしまう人がいるということに思い至らない。だから、つねに事実を話した。

3歳児が嘘をつけなかったことをゲームを通じて確認すると、次に、11日間で6回のトレーニングセッションを彼らに受けてもらった。

それには数種類のトレーニングが含まれていた。

たとえば、調査員が子どもにペンケースを見せ、「何が入っていると思うか」と尋ねる。子どもが「鉛筆」と答えると、調査員はペンケースを開き、実際にはリボンなどの別の何かが入っていることを示す。

そして、「最初からペンケースにはリボンが入っていると思ったか」、さらには、「ペンケースのなかを見ていないほかの人は、リボンが入っていると思うか」どうかを子どもに尋ねる。

ここで正解を答えられなかった場合は（どちらの質問も「ノー」と答えるのが正解）、正解を教えて、なぜその答えになるかを説明し、再び同じ問いを投げかける、という具合だ。「誤信」というものを理解していないため、その年齢の子どもなら最初はほとんどが間違える。

別のトレーニングでは、心の状態を表す言葉（例：好き、欲しい、感じる）が頻出する物語を子どもに読み聞かせ、そういう言葉を使って文章をつくるように指示した。

子どもたちが11日間のトレーニングを終えたのち、彼らに再び「どちらかのカップにキャンディーを隠す」ゲームを課すと、ほぼ毎回調査員をあざむくようになった！

「他者の立場」になって考えてみる

もちろん、子どもに嘘のつき方や騙し方を教えるのはいいことではないが、この研究はそういうことを教えるものではなかった。子どもたちはたんに、「他者の心の状態を理解するとはどういうことか」を教わったにすぎない。

研究報告のなかでも指摘されているように、**嘘のつき方をある程度知っておくことは、重要な社交スキルのひとつ**となる。誰かの誕生日にサプライズパーティーを開く理屈がわからず、「たとえみなが黙っていても、パーティーの計画が持ち上がれば、主役もパーティーがあるとわかるに決まっている」と考える人がいたら、メンタルヘルスか社交スキルに問題があるのではないかと心配になるだろう。

サプライズパーティーを行ううえである程度の嘘は避けられないが、この種のパーティーは、「他人は自分の知る事実とは違うことを事実だと誤信することがある」と知っているからこそ実現するのだ。

トレーニングを通じて子どもたちが身につけたものでとりわけ注目すべきは、「認知的な心の理論」だ。これは、「他者は自分とは異なる方法で世界を認知しうる」ということを理解する心の機能だ。

ただし、他者に対して共感や同情を抱く場合は、「感情的な心の理論」も必要になる。こちらは、「人が抱く感情は人それぞれ違う」という事実を認識し、どの状況でどの感情を抱く可能性が高いかを理解できる能力のことだ。

「認知的な心の理論」と「感情的な心の理論」を区別して考えることは、精神病質者《サイコパス》を理解するうえで非常に重要だ。

嘘をつくにも不正を行うにも、他者の心の理解が必要となるので、「認知的な心の理論」に関していうと、サイコパスのその能力は、サイコパスでない人と遜色がない。彼らは、他者が考えていることを読み取ったりどう考えるかを予測したりすることに長けていて、だからこそ他者を操ることができる。

しかし、彼らには「感情的な心の理論」は欠けている。彼らが無神経かつ冷淡で、慈悲の心がないのは、他者の感情を気にとめないからだ。


他者の感情を理解し、その感情に寄り添う能力は、他者の境遇や事情をじっくりと丁寧に考えることで改善できる。

具体的な例をあげよう。シリアからの難民について考えることを参加者に課した実験がある[8]。

２０１６年の時点で、シリア難民の数は５５０万人にのぼった。この数は世界の難民人口の４分の１に相当する。その実験は、「大統領（この実験が行われたときはバラク・オバマ）に手紙を書いてシリア難民をアメリカで受け入れるように懇願する意思はあるか」と参加者に問うものだった。

「イエス」と答えた人の割合は、実験に参加した民主党支持者のうちのわずか23パーセントだった。ただし、一部の参加者には手紙を書くかどうかを尋ねる前に特別な指示を与えた。それは次に示すように、自分を難民の立場に置き換えて考えさせるというものだ。

「もしもあなたが、戦争によってバラバラにされた国での迫害から逃れてきた難民だったら、と想像してみてください。ごくわずかしか携帯できない状況にあって、あなたなら何を持って国を出ますか？　そしてどこへ逃げますか？　あるいは、母国にとどまり続けますか？　何をいちばんの試練に感じると思いますか？」

この指示を受けたグループ内の民主党支持者で、大統領に手紙を書くと答えた人の割合は、先に紹介したグループの結果に比べて50パーセント高かった。

他者が置かれている状況を自分に重ねると、他者のためになることをしようとする「向社会的行動」の増加を見込めるのだ（共和党支持者に対する効果は弱かった。これはおそらく、彼らに反移民政策を支持する傾向があるからで、保守的な考えの持ち主が他者の視点に立っても共感がもたらされないというわけではないと思われる）。

「もっと理解してくれてもいいのに……」は叶わない

すでに説明したように、他者の心を理解する力は、認知、感情の両方のレベルで改善できる。

ただし、注意すべき重要なことがひとつある。ここでいう「理解」とは、非常に基本的な理解のことだ。たとえばシリア難民の場合は、彼らの状況はあまりにも凄惨かつ残酷なので、ほぼどんな人でも彼らに共感できる。また、正常に発達している子どもなら必ず、他者の考えは自分のそれと違うこともあると、小学校にあがる前に学習する。

では、この初歩的なレベルの先にある、他者が考えていることや感じていることに、他者の状況を自分に重ねるだけで本当に気づけるようになるのか？

答えは「イエス」に違いない、と思っていることだろう。それで気づけるようになると信じているからこそ、あなたのニーズに鈍感な人がいれば、「私の立場になって考えてくれればいいのに」といった不満が口をついて出る。

上司の期待が大きすぎて辟易《へきえき》したときは、「上司は自分が新人のころ、どんなだったかを忘れてしまったのだろうか」と不思議に思い、もっと理解してくれて然るべきではないかと不満を抱く。

だが残念ながら、そうした直感は誤りだ。少なくとも、その直感が正しいと裏付ける証拠はない。それどころか、チームを組んだ3人の研究者による24の実験を通じて、**他者が考えていることや感じていることを理解する能力は、他者の視点から考えるだけでは必ずしも改善しない**ことが示されている。[9]

ちなみに、1本の論文にこれほどの数の実験が記載されたものを、私はほかに見たことがない（この論文に掲載されていた実験は、実は25ある。残る1つは章の最後で紹介する）。なぜこれほど多くの実験を報告しなければならなかったかというと、彼らの主張が直感的に理解し難いものだったからだ。

加えて、他者の視点に立つことに効果が認められなかったいかなる実験も、本当に効果がないのではなく、実験の方法に問題があった可能性がある。たとえば、実験の参加者が真面目にやらなかった、課題が難しすぎた、などの理由があげられる。あるいは、実験のときの状況が、他者の心を理解することを不可能にしていたかもしれない。

気取った言い方をすれば、彼らの実験は「効果ゼロ《ヌルエフェクト》」の証明を試みるものなのだ。社会科学において、**効果ゼロの実証は困難を極める**ことで知られる。

たとえば、あなたの母親が、「お気に入りの靴下が誰かに捨てられた」と言い張っているとしよう。その根拠として、母親は「ありとあらゆる場所」を探したと主張する。タンスやベッド脇のテーブルまわり、引き出し、ベッドの下、洗濯カゴのいずれも探したが見つからない。

しかし、あなたの父親がそれを聞けば、それだけでは「ありとあらゆる場所」にならないと反論し、あなたの弟のタンス、母親のコートのポケット、飼い犬の寝床、ベッドのマットレスとシーツのあいだも探すように求めるだろう。

そして、それらをすべて探したとしても、「ありとあらゆる場所」を探したとはやはり主張できない。

こうしてみると、靴下が家のどこかにあると証明するより、ないと証明するほうがいかに大変かがよくわかる。実験で効果ゼロを証明するのもこれと同じなのだ。

「わかるようになった」と思った人もなっていなかった

その論文を読むと、彼らは実にさまざまな課題を用いて、ほぼどんなことにも挑戦していた。

たとえば、彼らは「誤信念課題」として知られる課題を用いて、たとえ正解を知っていても、「間違っていることを正しいと誤信している人」の立場に自分を重ねられるかどうかを確かめた。

また、「目から心を読むテスト」と呼ばれる有名なテストも用いられた。このテストは本来、自閉症の子どもの研究のために考案されたもので、人間の両目のアップの写真を見せて、その目が物語っている感情を選択肢のなかから選ばせるという内容だ（このテストはオンラインで簡単に見つけることができ、無料で挑戦できる。また、これとよく似たテストがEQの測定に活用されている）。3人の研究者チームは、このテストを通じて作り笑いや嘘を見抜く力を検証した。

ほかにも、実際に人との関わりが生じる課題もあった。

参加者どうしでペアを組ませ、「ボウリングや皿洗いといった活動のなかで相手が好む活動を推測する」「『カジノ・ロワイヤル』や『キューティ・ブロンド』などの映画を観たときの相手の反応を予測する」「面白がる人もいれば傷つく人もいるジョークを聞いたときの相手の反応を予測する」「物議を醸す意見（「警察は、法と秩序を守るために必要ならどんな力でも使うべき」）を聞いたときの相手の反応を予測する」といったものだ。

これら24の実験はすべて、参加者を2グループに分けて行われた。

ひとつはコントロールグループで、参加者はどんな方法を使って推測を立ててもよいとされた。

もうひとつは**「他者の視点グループ」で、他者の視点から考えるよう強調された**。目の写真を使った実験ではその目の人物、ペアを組んだ相手の好みや反応を推測する実験ではその相手の立場になって考えることを求められた。

この後者のグループの参加者たちは、「実験後は自分の視点にとらわれることが少なくなり、他者の視点で考えるようになったおかげで正確さが増したと思う」と報告した。しかし実際には、どの課題においても、後者のグループに正確さの向上は見受けられなかった。

私たち夫婦は25年間、「互いを誤解」していた

ともに心理学の教授という私たち夫婦ですら、そうした錯覚に陥ったことがある。みなさんの期待に応えて詳しく説明しよう。

わが家で料理をするのは主に私で、料理のレパートリーは豊富にある。夫は仕事がら外食が多いので、夫が家で食事をとるときは、彼の好きなものをつくるようにしている。

また、夫の好きな料理を子どもたちも好きとは限らないので、たいてい2種類のパスタを同時につくったり(例:子どもたちにはボロネーゼソースのスパゲティ、夫にはラピーニとイタリアンソーセージのリングイネ)、チキンの下味を変えたり(例:息子には辛い味付けの骨なしチキン、娘と夫には辛くない味付けの骨付きチキン)することになる。

ところで話を先に進める前に、私の夫ほど気が利いて謙虚な人を私は知らないし、家事

は平等に分担しているという点も強調しておきたい。加えて、夫は私のことを本当によく理解している。この章の冒頭で紹介したように、どのような言葉を伝えれば私が4種類の赤ワインを当てられるかも、夫はちゃんとわかっていた。

下の子が大学進学で家を出て夫婦二人だけの生活になったとき、私は夫に向かって、「これからは夕食は1種類だけでいいなんて最高」と言った。すると夫はこう言った。「ほんと、君と僕の好みがまったく同じでよかったね」

それを聞いた私は笑いがとまらなかった。私の考えや気持ちをつねに正確に察してきた夫が、私は私自身が食べたいから辛くないチキンやイタリアンソーセージのパスタを食卓に並べていたと思っていたのだ。

それはまったくのお門違いで、私はなろうと思えばすぐにでもベジタリアンになれるし、家に誰もいないときは、ピスタチオのアイスクリームとブルーベリーで夕食をすませている。

だが**そういえば、こういう話を夫にしたことは一度もなかった！**

にもかかわらず、私は25年以上ものあいだ、私が2種類の料理をつくっている理由を夫はわかっているものだと誤解していたのだ。

「小説」を読むと人の気持ちがわかるようになる?

この私たち夫婦の例や3人の研究チームによる24の実験は、他者の視点で考えたり、他者を思いやったりするだけでは、必ずしも事実を正確に認識できるようにはならないと示唆するものだ。しかし、他者が考えていることを推測する精度を高めることをあきらめたくはない。

実は心理療法には、自分を取り巻く状況を、自分の視点からではなく客観的にとらえなおす方法を教えるものがあり、それを学ぶと、不健全な思考スタイルが修正されるという。ほかにも、顔の表情から感情を特定する力を高める方法を学ぶといった、EQの改善を目的とした研修プログラムの存在を聞いたことがある人もいるだろう。いずれも他者を理解する力を高める役に立つと期待できる。

それから、**俳優や小説家が、他者の視点から考える力がずば抜けて優れている**ことを思うと、彼らはきっと、その力を高めるスキルを教わり、練習して身につけてきたに違いない。文章の創作や演技を学ぶ講座に通える人は限られているが、たくさんの演劇や小説に触れれば、少しは他者のことがよくわかるようになるのではないだろうか? 考えてみれば、演劇や小説は他者の視点から見た世界だ。

『サイエンス』誌に、文芸小説を読むと他者の考えや感情の理解が向上するかどうかを確かめた研究が掲載されていた。[10]

参加者は、短編小説(ドン・デリーロの「ランナー」やリディア・デイヴィスの「ブラインド・デート」など)や実験当時ベストセラーとなっていた作品(ギリアン・フリンの『ゴーン・ガール』やダニエル・スティールの『母の罪』など)の要約を2本読み、その後、誤信念課題と目から心を読むテストに挑んだ。すると、目覚ましい改善が見受けられた。

この研究が発表されると、かなりの注目を集め、あちこちで引用された。

私がその研究論文を読んだときは、にわかには信じ難いと思った。参加者が小説や要約を読むのに費やした時間が、あまりにも短かったからだ。そんなに簡単に他者の気持ちがわかるようになるのなら、世界はとうに平和になっているはずではないか?

結局、その研究は再現性がないと判明した。のちに刊行された『ネイチャー』関連誌に、2010~2015年に『ネイチャー』誌と『サイエンス』誌に掲載された社会科学実験の再現性を評価した研究が掲載されたのだが、いま紹介した研究も評価の対象とされた。[11]

検証の結果、フィクションを読んだ後にその研究と同じ課題やテストに取り組んでも、理解力が向上する証拠は見つからなかった。

とはいえ、先にも述べたように、「効果ゼロ」を実証するのは難しい。**小説を読むこと自体に効果はあるが、何年にもわたって膨大な数を読まなければ効果は現れない**、というのが本当のところではないかと思う。

集団主義社会に暮らす人が他者の考えや感情を読むのに長けているのは、その文化を通じて日々訓練しているからにほかならない。心理療法やEQのトレーニングもやはり、定期的な練習を長く続けてようやく改善の兆しが見え始める。

俳優や小説家も例外ではない。読者や観客の視点で考えることのできる彼らの才能は、他者からの膨大な指導やフィードバックの結果であり、長年にわたる訓練の賜《たまもの》なのだ。

いちばん確実なのは「直接、聞く」こと

実は、他者の心を理解し、自分の思いを明確に伝える能力を向上させる確実な方法がひとつある。しかも、それは簡単だ。自分の思いを他者に推測させず、率直に伝えればいい。

そして皮肉を込めたジョークを文章で送るときは、明らかに皮肉な感情を表す絵文字をつ

けるようにする。

たしかに、自分の思いを言葉にして伝えるという作業は、億劫《おっくう》で面倒に感じることもある。ジョークの解説をするのは、間違いなくかっこ悪い。

だがそう感じたときは、誰かの手拍子で曲を当てなければならないときのお手上げ感を思い出すのが賢明だ。

私は今後、「この新しいシャツ、どう?」と友人に尋ねるのは、純粋にそのシャツについて友人がどう思うか知りたく、かつ、そのシャツは失敗だったで意見が一致してもまだ返品できるときだけにする。「私に対する関心が不十分だ」という皮肉を伝える目的で尋ねることはもうしない。

それから、他者の思いや感情を深読みするのもやめる。

他者を思いやれる寛容な人ほど、相手の思いを推し量りたい誘惑に抗うのは難しいかもしれない。だが、**他者の心を読もうとすることが大きなストレスになりうる**ことを示す研究が次々と発表されている。

他者が何を知り、何を信じ、何を感じ、何を考えているかを確実に知りたいなら、相手に尋ねればいい。「ただ尋ねる」ことが、先に紹介した論文の25番目の実験だった。

その実験の参加者はペアを組み、ペアの相手に関する質問表を渡された。

半数の参加者には相手の視点から考えて質問に回答するよう指示し、残りの半数には、回答する前に相手にあれこれ尋ねる時間を5分与えた。

前者のグループに比べて後者の回答の正答率は高かった。

そのような結果になるのは至極当然に思えるだろう。正解を事前に知っていれば、テストで高成績を収めることに不思議はない。

だが、これこそがいちばん大事なことなのだ。**事実を集めない限り、事実を正しく把握することはできない**。

他者が考えていること、感じていること、信じていること、知っていることを正確に理解するには、その相手から直接答えを手に入れる必要がある。

相手が性差別的なジョークを面白がるのか、それとも嫌悪するのかを知らなければ、相手の立場に自分をいくら重ねて考えたところで、相手が取るだろう態度を正確に予測することはできない。

人は、自分の知識や感情を他者に重ねて考えることで、その人の考えていることが自分にはわかると過信する。その結果、自分の想定が間違いである可能性を考えず、正否の確認を怠ってしまう。

結局、事実を集めることだけが、互いを理解するための確かな方法なのだ。

Chapter

08

わかっているのに「我慢」できない

人はどうしても不合理に行動する

私が心理学の博士号を取得したのは25歳のときで、この分野で博士号を取得する一般的な年齢より数年早かった。

それは私が天才だったからではない。時間の制約があったからだ。

大学院へ進学するために21歳で韓国からアメリカにやってきたときは、そんなに急いで取得するつもりは毛頭なかった。当時はまだ、マクドナルドで、店内で食べるか持ち帰りかと聞かれてもわからなかったし、研究室の仲間に「何でアメリカに来たの？」と尋ねられた際、「飛行機」と答えてなぜ笑いが起きたのかもわからなかった。

私もみなと同じように5〜6年かけて博士号を取得する予定だったが、4年目に入ってすぐに、その計画は突如として変更を余儀なくされた。というのは、私の指導教授が別の大学に移ることになったからだ。教授は私に、その年のうちに論文を書き上げることができたら、私を博士研究員として新しい大学に連れていくと言った。博士研究員は、私が夢見ていた研究職だ。

学校の成績はずっとよかったが、たった1年でゼロから博士論文を書くのは途方もなく大変だった。私は無我夢中で取り組み、ありとあらゆる遊びや楽しみを遠ざけた。映画も観ず、パーティーにも行かず、ビールすら飲まないようにした。毎日16時間を論文の準備に費やし、毎日ケロッグのシリアルとミルク、コーヒーだけで生きていた。

その年を乗り切った後もなお、私はありとあらゆる種類の困難や失望に耐えてきた。なぜこんな話をしているかというと、私はかなり遅れて手に入る報酬のためでも、まったく問題なく頑張ることができる人間だとわかってもらいたいからだ。

だが一方で、自分ほど気が短い人間も、私はほかに知らない。

学生からメールが届けば、コンマ数秒で返信し、疑問が頭をよぎれば、すぐさま答えを知らないと気がすまない。ワクワクするような研究のアイデアが浮かべば、メールなどというまどろっこしいものは使わず、慌てて研究室の学生にテキストメッセージを送るか、彼らの研究室に出向く。

髪を切りたくなったら、最短で予約が取れる美容室に予約を入れる。私はよく、見知らぬ誰かに髪をめちゃめちゃにされて後悔するが、お気に入りの美容師の予約が取れるまで待つことは、それと同じくらい苦痛なのだ。

とにかく、結果や答え、報酬を、直ちに手に入れたい。

「いまの50ドル」と「明日の50ドル」では価値が違う？

——「遅延割引」とは何か？

さて、いま語った私に関する2つのストーリーは矛盾しているように思えるかもしれないが、実は矛盾はない。

どういうことかを説明する前に、まずはせっかちな人がいかに多いかを理解してもらいたい。そこで、遅れて手に入る報酬の価値が割り引かれる度合いを測る典型的な問題を紹介しよう。

いま340ドルもらうのと、6か月後に340ドルもらうのとでは、あなたならどちらを選ぶ？　これは考えるまでもない。全員が「いま340ドルもらう」を選ぶ。

では、いま340ドルもらうのと、6か月後に350ドルもらうのとではどうか？　これでもまだ、ほとんどの人が「いま340ドルもらう」を選ぶ。

ならば、いま340ドルもらうのと、6か月後に390ドルもらうのとではどうか？

この種の実験では、**6か月待てば50ドル多くもらえるとなっても、参加者の大多数がやはり、いますぐ340ドルもらうほうを選ぶ。**

6か月後の390ドルよりいまもらえる340ドルのほうが好まれるのは、インフレ率や利率、投資の機会などを考慮すれば納得できることなのだろうか。つまり、いますぐお金をもらい、それを元手に50ドル以上のリターンが生じる可能性のある何かを行うほうが賢明なのだろうか？

この質問の答えは「ノー」だ。[1]

いま340ドルもらい、それを銀行に預けるなり、株に投資するなりしたとしよう。それが平時の経済と仮定するなら、6か月後に増えるお金はごくわずかで、せいぜい10ドルか15ドルくらいだろう。340ドルを6か月で390ドルにするには、年利なら約30パーセントが必要になる。これは市場で提供されている一般的な金利よりはるかに高い数字だ。

すぐにお金をもらうべきだと主張する人は、6か月後には何が起こるかわからないと指摘する。お金をくれると申し出た人が、心変わりするかもしれないし、亡くなってしまうかもしれない。あなたが亡くなる可能性もある。核戦争によって紙幣の価値がなくなり、燃やして暖を取るだけのものになるかもしれない。6か月たたないうちに、大金持ちのおばがあなたに全財産を譲ると遺言して息を引き取り、待てば余分に得られる50ドルに魅力を感じなくなるかもしれない。

だが、**いまあげた例はどれも、あまり現実的ではない**。つまり、そうしためったにない出来事が起こることでしか、6か月後にもらう390ドルの価値は、いますぐもらう340ドルより低くならないということだ。

同じことでも「先の話」となると考え方が変わる

それでは別のエクササイズを通じて、未来に手にする報酬の価値がどれほど不合理に割り引かれるかをさらに見てみよう。

いまもらう20ドルと1か月後にもらう30ドルのどちらかを選べと言われたら、たいていの人はいまもらう20ドルを選ぶ。ところが、12か月後にもらう20ドルと13か月後にもらう30ドルのどちらかになると、ご想像のとおり、ほとんどの人が1か月余計に待って10ドル多くもらうほうを選ぶ。

この2つの状況を比較すると、選択に一貫性がないのは明らかだ。

2種類の選択肢の違いは、どちらも10ドルと1か月でまったく同じ。20ドルと30ドルにどのような価値を見出していても、最初に提示した選択の場面で20ドルを選んだ人は、次の選択の場面でも20ドルを選ぶはずではないか。ところが、**現在における1か月の違いは、未来における1か月の違いよりもはるかに大きなものに感じる**のだ。

もちろん、この現象にも限界はある。

選択肢が、いまもらう340ドルと6か月後にもらう3万4000ドルになれば、誰もが6か月待つだろう。私にとっての博士号の取得も、まさにそうだったといえる。私はその学位とそれに伴う研究職を、遊びや食事を普通に楽しむといった目先の報酬よりはるかに価値があるとみなしたのだ。

みなさんにも私と同じように、未来に手にする大きな報酬のために「いま」を犠牲にした経験がきっとあるはずだ。私は決して、人が基本的に満足を遅らせることができないとは思わない。

「30分後」のピザすら待てない

そうはいっても、合理的とはいえないほど未来の報酬の有用性を割り引く傾向が強いことは否めない。

先に紹介した選択の状況をはじめ、行動経済学におけるさまざまな研究を通じて、人は「十分には満足を遅らせることができない」らしいことが示されている。

未来の報酬の価値がいかに不合理に割り引かれているかを示す実例を紹介しよう。

遅れて得られる報酬の価値が割り引かれてしまうことを、行動経済学では「遅延割引」と呼ぶので、本書でもそう呼ぶこととする。

気候変動を思い浮かべてほしい。リサイクルを通じて廃棄物を減らし、木を植えて二酸化炭素を吸収させ、高い電気自動車を購入しても、空気はすぐにはきれいにならないし、海面もすぐには下がらないし、シロクマもすぐには生きやすくならない。何年、何十年と続けてようやくその効果が表れ始めるのであり、未来の世代しか知りえない効果もあるだろう。

未来で手にする報酬のためには、カーボンフットプリント（二酸化炭素に換算した温室効果ガスの排出量）を減らすことが不可欠だとわかっていても、それだけでは、いま暖房の設定温度を下げたり、いま太陽光パネルに大金を投じたりしようという気は起きないかもしれない。

だが、そうした行動を取らないのは、数十年後の350億ドルではなく、いまもらう350ドルを選ぶようなものだ。

それから、毎日ルームランナーの上で何時間も過ごし、古代米を添えたサラダの食事を心から楽しむごく一部の人を除き、ほとんどの人にとっては、「健康にいいこと」のほぼすべて（例：新年の誓いを守る、週に5回運動する、ワインはグラス1杯だけにする）は、「目先の報酬」より、長生きという「遅れて得られる満足」を選ぶことを要求してくる。そして誘惑に屈するたびに、目先の報酬の効果の強さがあらわになる。

目先の報酬に負けるのは、遠い未来の報酬ばかりとは限らない。

ついていない長い一日が終わり、大好物のピザを食べたくなった。近所の店の電話番号は控えてあり、電話をすれば30分以内に確実に届く。30分待つだけで、熱々のおいしいピザにありつけるのだ。だがそのとき、カウンターの上に置いてあるポテトチップスの袋が目に入る。それを食べれば、ピザを食べたくなくなることはわかっている。その日耐え忍んだストレスを解消してくれるのは、間違いなくピザだ。ところがポテトチップスをつまみ始めてしまい、そんな自分に腹が立って仕方がない……。

「嫌なこと」も未来にやるほうがラクだと思ってしまう

遅延割引は、未来の報酬だけでなく未来の痛みに対しても適用される。それを思えば、人がものごとを先延ばしにするのも納得がいく。

やりたくない作業は、締め切りの数時間前になるまで、場合によっては締め切りを過ぎるまで、その存在を完全に拒否してしまうという人は多い。

嫌でたまらない作業がもたらす苦痛は、未来にやってもいまやってもまったく同じなのに、どういうわけか**未来に行うほうがうまく対処できそうに感じる**。だから、多くの人が先延ばしにするのだ。

私は以前、学生が期末レポートの作成を締め切りの前日まで先延ばしにするのを防ぎたいとの思いから、ギリギリになってから課題に取り組むことのメリットとデメリットをリストアップさせたことがある。

先延ばしがいけない理由に関しては、「正論」が並んだ。「ギリギリになったときに何が起こるかわからない」「完成までにかかる時間の見積もりが甘くなりやすい」など、典型的な答えがすべて出揃った。

だが、私が興味を引かれたのは、先延ばしを擁護する意見のほうだ。そのほうがよいレポートが書けるという主張には、次のようなものがあった。

「ダイヤモンドは圧力をかけないと生まれない」

「締め切りが差し迫るとストレスとアドレナリンが生じ、モチベーションが高まる」

「課題について考える時間が長くなる。着手する瞬間まで意見を練り上げられる」

効率のよさを訴える意見もあった。

「パーキンソンの法則に『仕事は完成のために与えられた時間を満たすまで膨張する』とある」

「細部や完璧主義にとらわれて行き詰まる、ということがなくなる」

「それ以上、先延ばしできなくなる」

なかでもいちばんのお気に入りは、講義で学んだ概念を使って先延ばしを合理化した主張だ。

「ギリギリになった時点で、計画錯誤に陥りようがなくなる」

必死に我慢しても「衝動」に抗えない

ここまでの例を通じて、未来に手にする結果の価値を、私たちはいかに不合理に割り引くかがよくわかったと思う。そういうことを避けるためには、割り引く理由について考える必要がある。そして、その理由はひとつではない。

ここからは、理由とともにそれぞれの対処法を見ていこう。

人が満足を遅らせられない理由のひとつに、「衝動を抑えられない」ことがあげられる。空腹でイライラしているときにベーコンの匂いが漂ってくれば、健康的な食生活の効能のことなどすべて吹き飛んでしまう。イッキ見するのを楽しみにしていたテレビ番組の配信が始まったときに、締め切りが6か月先のプロジェクトに着手せよと自分を駆り立てるには、かなりの自制心が必要になる。

いまや有名となったマシュマロ・テストは、満足遅延耐性〔目先の満足を我慢する力〕と衝動の制御に関する最初期の研究のひとつで、1970年代に子どもを対象に実施された。[2]

3〜5歳の子どもの前にマシュマロを1個置き、調査員は「これから部屋を出ていく」と告げる。そして、**「すぐにマシュマロを食べてもいいが、調査員が戻ってくるまで食べず**

に待てば、マシュマロをもう1個あげる」と説明する。戻ってくるのを待てないと、2個目のマシュマロはもらえない。

ユーチューブで「マシュマロ・テスト」を検索し、見てみるといい。きっと楽しめるはずだ。もらえる総数は減ってもいますぐ手に入る報酬の誘惑に耐える子どもたちの姿が、愛おしくてたまらない。マシュマロをじっと見つめるあまり、子どもたちの目は寄り目になっている。匂いを嗅ぐ子もいれば、マシュマロに触り、触った指をなめる子ども、本物かどうかを確かめるみたいにマシュマロをつつく子どももいる。

子育てをしたことのある人や、子どもの面倒を見たことのある人なら容易に予測がつくように、マシュマロを食べずに待てる時間は子どもによってバラバラだ。

15〜20分待てる子どももいれば、もっと短い時間しか待てない子もいる。

だが、この実験が世界的に有名になったのは、待てる時間にばらつきが見られたからではない。この実験から10年以上たってから、驚くべき事実が判明した。

この実験に参加した子どもたちの食べるのを待った時間によって、SAT（大学進学適性試験）の言語（現在の読解のセクションに相当）と数学の点数を予測できるとわかったのだ。具体的には、**2個目のマシュマロのために長く待てた子どものほうが、高校の終わり**

に受験したSATで高い点数を獲得した。

（なお、大手メディアが報じた「マシュマロ・テストは誤りだった」とするフォローアップ研究[3]を目にした人もいると思うが、誤りだったとは言い難い。マシュマロを食べずに待った時間とSATの点数のあいだには――研究で論じられたほどではないものの――相関性は間違いなく見受けられる。このフォローアップ研究はのちに、方法論的な問題などから批判を受けたが[4]、この批判は納得のいくものだった）。

「注意をそらす」と、鳩も待てるようになる

「待つ者にはよいことが訪れる」とよくいわれるが、もしそれが真実なら、子どもを目先の満足の誘惑に抗《あらが》えるようにしてやるために、私たちには何ができるだろう？　実はこの疑問が、最初にマシュマロ・テストが行われた動機だった。

待ちやすくするもっとも簡単な方法は、子どもが待つあいだ、**白くてふわふわで甘いマシュマロを子どもの視界から隠す**というものだ。また、おもちゃが手元にあるときや、楽しいことを考えるようアドバイスされたときは、マシュマロがよく見える位置に置かれていても、食べるのを待つ時間が著しく延びた。

もらえる数が減ってもいいからいま手にしたいという不合理な衝動と、その衝動を阻止するテクニックは、自然界全体を通じて、まったく同じように存在している。

たとえば、**鳩は注意をそらされると、遅れて得られる満足を選びやすくなる**という。[5]

これが判明した経緯を知りたい人のために、詳しく説明しよう。

研究者たちはまず、鳩の体重を、餌を自由に食べられるときの80パーセントに抑えて、鳩が餌を探すモチベーションをかなり高い状態にした。そして鳩はケージのなかで、次のことを学習した。ケージの前壁にあるボタンが光ると同時にそれをくちばしでつつくと、あまり好みではない粥状の餌が与えられるが、ボタンが光ってから15〜20秒待ってからつつくと、鳩が好む粒状の混合飼料が与えられる。

鳩も人間と同じく我慢がきかないようで、大好きな混合飼料のために待つことはせず、粥状の餌というすぐに手に入る餌を選ぶ回数のほうが圧倒的に多かった。鳩にとって、何もせずに待つことは苦痛なのだ。

ところが、餌から注意をそらされると、鳩も待つことができた。

先ほどとは別に、前壁と向かいあわせの壁にもボタンがあるケージを使った実験が行われた。この新たなボタンも、最初からついているボタンと同じタイミングで光った。

ただし、こちらのボタンは、20回つつくと混合飼料がもらえるという条件だった。1回つつくだけですぐに粥状の餌がもらえた最初のボタンに比べると、こちらのほうが時間も労力もかかる。

鳩はこのボタンをつつくことで注意をそらせるようになると、大好きな混合飼料のために15〜20秒待つことが、ボタンひとつのときよりはるかによくできるようになった。

目先の誘惑に抗うのはつらい。夕食時に毎晩カクテルやワインを1、2杯嗜《たしな》んでいる人が、その習慣を壊そうと思ったら、かなりの意志の力が必要となるだろう。

とはいえ、子どもや鳩が目先の誘惑から注意をそらすことができるのなら、大人にもできるのではないか。夕食時にパートナーの飲み物を凝視するより、おいしいノンアルコール飲料を飲むほうが気が紛れる。

「不確かなこと」があると、頭がうまく働かなくなる

人が未来に生じる報酬や痛みに関して不合理な判断を下すことがあるのは、「不確かなことについてじっくりと考えるのが苦手」なせいでもある。

これについては、私の大好きな実験を使って説明しよう。満足遅延耐性をテーマにした

実験ではないのだが、**不確かさの感覚がいかに判断を混乱させるか**がよくわかる。[6]

その実験に参加した一部の学生は、「難しい試験を受けて合格したと知った瞬間」を想像するよう指示された。

その後、1日限定でとても魅力的なハワイ旅行のパッケージツアーが破格の安値で売り出されたと仮定したうえで、彼らに選択肢が提示された。

それは、「そのパッケージツアーを買う」「そのパッケージツアーを買わない」「返金不可の5ドルを払って破格の安値での販売期間を延長する」の3つだ。

すると大多数が、パッケージツアーをいますぐ買うことを選んだ。

そうなるのは納得がいく。試験に合格したばかりなのだから、何かお祝いしたかったのだろう。

実験に参加した別の学生グループにも同じ選択肢が提示された。ただし、こちらのグループは、「試験に落ちて2か月後に再試験を受けることになったと知った瞬間」を想像するよう指示された。

とはいえ、やはり大多数の学生がいますぐパッケージツアーを購入したいと答えた。そうなるのも納得がいく。再試験に向けて準備する期間が2か月あるのだから、ハワイでリフレッシュしたいと思っても不思議はない。

この2グループの結果から、試験の結果がどうであれ、学生たちはパッケージツアーを購入する傾向が強いと判明した。

ところが、3つ目の学生グループには「試験を受けて結果待ちをしている状態」を想像させ、そのうえでパッケージツアーの3つの選択肢を提示したところ、大多数の学生が「5ドル払って販売期間を延長する」ことを選び、試験の結果が判明してから買うかどうかを決めたいと答えた。

つまり、不確かなことがなくなってから決断を下せるようになるためなら、余分な費用を払う意思があるということだ――試験の結果がどちらにせよ、下す決断は変わらないだろうに。

人は**自分にとって重要な成果の内容が不確かな状態にあると、意思決定の能力がうまく機能しなくなる**のだ。

面接後の採用通知や、仕事の契約が成立したかどうかの連絡を待っているときは、いつもなら楽しめるようなことすらできなくなる。

私も2020年の大統領選挙の日が近づくと、仕事がほとんど手につかなくなり、11月末が締め切りの執筆作業も進まなかった。

そこで、ハワイ旅行のパッケージツアーを使った研究を思い返し、選挙の結果として起こりうることをひとつずつ検討していった。

トランプが当選しても、私はこの執筆作業をしなくてはならないか？　しなくてはならない。

バイデンが当選しても、私はこの執筆作業をしなくてはならないか？　しなくてはならない。

そう考えたら書けるようになり、選挙当日も執筆作業を進められた。むしろ、投票はいい気分転換になった。

こうして不確かな状態にあっても冷静に仕事を進めることができたが、選挙の結果を早く知る方法があったとしたら、私はきっと5ドルどころか相当の金額でも払っていたと思う。たいていの人は、不確かなことはできるだけ減らそうとするものなのだ。

人は「確実性の高い」ことを極端に好む

――「確実性効果」とは何か？

そうやって不確かさを嫌悪するのは正常なことだが、遅れて得られる満足に関していうと、「確かな成果と不確かな成果のどちらかを選ぶ必要があるとき」は、人は不合理な判断を下すおそれがある。

詳しく説明するために、いますぐ340ドル受け取るか、6か月後に390ドル受け取るかのどちらを好むかに話を戻そう。

金額はさておき、これは、確かなものと不確かなもののどちらにするかを決める選択であるとの見方もできる。なぜなら、未来はつねに不確かなものだからだ。

6か月後に起こることなど、誰にもわかりようがない。

とはいえ先にも述べたように、390ドルを受け取れないことを危惧する理由のほとんどは不合理なものだ。危惧するようなことが現実に起こる可能性は、あまりにも小さい。

しかしながら、たとえば6か月以内に自分が死ぬ可能性はごくわずかだとわかっていても、確実だとわかっている何かと比べると、その可能性はもっと大きいように感じられる。

このようなバイアスは、その内容にふさわしく「**確実性効果**」と呼ばれる。

行動経済学の研究対象のひとつで、「アレのパラドックス」として知られる有名な現象は、この確実性効果によって生じる。その名称は、1988年にノーベル経済学賞を授与されたモーリス・アレに由来する。

アレは経済学者であると同時に物理学者でもあったので、話に数字を出すことは避けられないが、数字といってもお金のことであり、難しい話ではない。

それでは、アレが唱えた説を見ていこう。まずはこんな状況を思い描いてほしい。嘘みたいな好条件の賭け事を持ちかけられ、あなたは次のどちらかを選ばなければならない。

賭けA：100パーセントの確率で100万ドル当選する。
賭けB：89パーセントの確率で100万ドル、10パーセントの確率で500万ドル当選し、1パーセントの確率で何も当たらない。

さあ、あなたはどちらを選ぶ？　じっくり考えて選んでほしい（ただし、217ページで紹介した期待値の計算はしないこと。直感的な判断に従ってほしい）。

私なら絶対に、BではなくAを選ぶ。100万ドルは大金だ。それを喜んで受け取って、悠々自適の生活を送るだろう。もしBを選んで何も当たらなかったら、悔やんでも悔やみきれない。

いくら10パーセントの確率で500万ドルが手に入る可能性があるからといって、そのためにBを選ぶなどバカげている。

この2択が提示されると、大多数の人が私と同じでAを選ぶ。Aの「何も当たらない確率0パーセント」と、Bの「何も当たらない確率1パーセント」とでは、巨大な差があるように感じるのだ。

あなたの選択には「一貫性」がない

さらに、次の状況も思い描いてほしい。今度の賭けは先ほどより条件は劣るが、それでもかなりの好条件であることは間違いない。

賭けX：11パーセントの確率で1000万ドル当選し、89パーセントの確率で何も当たらない。

賭けY：10パーセントの確率で5000万ドル当選し、90パーセントの確率で何も当たらない。

この2つの選択肢を提示されると、ほとんどの人がYを選ぶ。先ほど100万ドルで満足だと述べた私も、100万ドル当選する確率と500万ドル当選する確率の差がたったの1パーセントなら、当選する確率がわずかに低くても、400万ドル多く当たるほうを選びたくなる。
だが、ちょっと待ってほしい。
最初の賭けでAを選び、次の賭けでYを選んだ人は、選び方が一貫していない。
最初のAとBの賭けに戻ろう。よりよい選択を目指す合理的な人なら、2つの選択肢に共通する要素を排除するはずだ。排除しやすいように、先ほどとは少し条件の書き方を変えてみよう。

賭けA：89パーセントの確率で100万ドル当選し、かつ、11パーセントの確率で100万ドル当選する。
賭けB：89パーセントの確率で100万ドル当選し、10パーセントの確率で500万ドル当選し、1パーセントの確率で何も当たらない。

AにもBにも「89パーセントの確率で100万ドル当選」という部分があるので、これは排除する。そうして残ったものを整理すると次のようになる。仮にA′、B′としよう。

賭けA′：11パーセントの確率で100万ドル当選する。

賭けB′：10パーセントの確率で500万ドル当選する。

さて、A′とB′、あなたはどちらがいい？ おそらくはB′を選びたいのではないか。念のためにいっておくと、A′とB′の選択は、XとYの選択とまったく同じだ。わかりやすいように、再度こちらに記そう。

賭けX：11パーセントの確率で100万ドル当選し、89パーセントの確率で何も当たらない。

賭けY：10パーセントの確率で500万ドル当選し、90パーセントの確率で何も当たらない。

XとYの選択のときと同じで、A′とB′では、ほとんどの人はB′を選ぶ。だが、最初のAとBとでは、ほとんどの人がAを選んだ。これは一貫性のない不合理なふるまいである。

この現象が「パラドックス」と呼ばれているのはそのためだ。

「0パーセント」と「1パーセント」を大違いに感じる

なぜこのような現象が起こるかというと、同じ1パーセントの差でも、0パーセントと1パーセントと、10パーセントと11パーセントとでは、感じ方がまったく異なるからだ。**「数学的」には完全に一致する1パーセントの違いでも、「心理的」にはまったく違う扱いになる。**

0パーセントと1パーセントの違いは、「絶対に起こらない」か「起こる可能性がいくらかあるか」の違いであり、要は確実性と不確実性の違いとなる。一方、10パーセントと11パーセントの場合は、どちらも可能性は低いという意味ではあまり変わらなく感じる。もっとも、このアレのパラドックスは（少なくとも私からすれば）的確で美しいが、人為的な感じがするのは否めない。

行動経済学の専門家は、賭け事の例を使って選択する状況について論じがちだが、そうすると、選択の結果がもたらす事象が身近なことから少し遠ざかる。

「100パーセントの確率で100万ドル当選する」という賭け事を、いったい誰が何のために用意するというのか？　これはそもそも賭け事ですらないし、そのようなことが現実に起きるとはとても思えない。

そこで、誰もが味わったパンデミックという現実を例に考えてみよう。

アメリカのCDC（疾病予防管理センター）によると、2021年6月の時点で、ファイザーとビオンテックが共同開発したワクチンには、新型コロナウイルスへの感染による入院を防ぐ効果が95パーセント、モデルナのワクチンには94パーセントあるとみなされていた。

ワクチンに対する不満、懸念、反対意見、過剰反応は数多く登場したが、この2種類のワクチンの有効性における1パーセントの差に文句を言っている人は見たことがない。

私はモデルナを接種した。ファイザーのワクチンなら3週間待てば2回目の接種ができたところ、モデルナでは4週間待たねばならなかったのは腹立たしかったが（ご存じのとおり、私は気が短い）、有効性の差はちっとも気にならなかった。

仮に、その差を理由に、モデルナのワクチンの接種は無料、ファイザーのワクチンの接種は100ドルと政府が決定したとしても、その1パーセントの差にお金を払う人はほとんどいないだろう。

だが、ファイザーのワクチンの有効性が100パーセントで、モデルナのワクチンの有効性が99パーセントだったなら、話は違ってくるかもしれない。

ここでの差は、**新型コロナの感染を100パーセント予防できるか、感染する可能性があるかの差**となる。こうなると、100ドル払ってファイザーのワクチンを接種する人が出始めるだろう。これが確実性効果だ。

自分に「力がある」と感じた状況を想像する

人は満足遅延耐性を試す選択に迫られるたびに、確実な（いますぐ手に入る）ものを不確かな（未来に手に入る）ものより優先する傾向に影響を受けてしまう。この習性は、そう簡単には克服できない。

私は30年にわたってアレのパラドックスと確実性効果を教えているが、それでも先ほどの賭け事のような選択肢を提示されれば、私の決定は確実性効果に影響されるはずだ。

リスクを回避したがる人がほとんどで、リスクを取れなかったり、未来の大きな報酬を待てなかったりするのは不確実なことへの不安や恐れのせいだというなら、**「未来を信じる力を高めること」がひとつの解決策になる**のではないだろうか。

そのための方法を具体的に教えてくれる実験を紹介しよう。[7]

その実験は、参加者をふたつのグループに分けて実施された。

ひとつのグループは、「自分は無力だ」と感じたときのことを書き記すよう指示された。たとえば、上司から週末に仕事を強要されたときや、足首を捻挫《ねんざ》したせいで念願かなって出場できた大会を棄権せざるをえなかったとき、という具合だ。

もうひとつのグループは、「自分には力がある」と感じた場面を描写するよう指示された。たとえば、学校の代表チームのキャプテンに選ばれ、練習計画やチーム全員が夕食に食べるものを決める権力を得たときのことを描写する参加者がいるだろう。あるいは、何かの店のマネジャーとして働いていたときのことを思い出し、従業員に作業を割り振る力を持っていたことを描写するかもしれない。

実験の結果、自分が力を持っていた場面を描写した人は、自分は無力だと感じた場面を描写した人に比べて、待ってでもよりよい報酬を得たい気持ちが強くなる傾向が見られた。

新型コロナウイルスのパンデミックにより、誰もがこの先どうなるかわからないとの不安に駆られた。自分では状況をコントロールできないという感覚は、いまだにぬぐいきれない。それに、これほど大規模な災害に直面していないときでも、行き詰まって無力感に苛まれることは往々にしてある。

未来を信じる気持ちを取り戻したいときは、自分の力が自分や他者の人生に影響を及ぼしたときのことを思い出そう。それがよりよい選択を下す一助となる。不安や恐れではなく、事実に基づいて判断できるようになるだろう。

未来は「距離が遠い」から軽視する

未来に起こることの価値が割り引かれる理由はほかにもある。当然といえば当然だが、**未来に起こるというだけで距離を「感じる」**のだ。

ということは、対策も自ずと決まってくる。

空間的な距離を例に説明しよう。

あなたが暮らす区画で火事が発生すれば、たとえ自分の家まで燃え広がる危険がなくても、あなたはショックを受ける。だが、別の町で火事が発生しても、報道された記事を読もうとすらしないかもしれない。

今度はもっと楽しい例をあげよう。

高校の同級生がアカデミー賞を受賞すれば、あなたには無関係なこととはいえ、その同級生を称賛し、誇りに思うだろう。しかし、別の国の誰かがアカデミー賞を受賞したところで、特別好きな俳優でもない限り、そのニュースをほとんど気にとめることはない。

私たちは、こうした距離の遠さを未来に対しても感じるのだ。その結果、未来に得られる報酬や痛みを軽視することになる。

私のもとに、イギリスのケンブリッジで講演を行ってほしいとの招待が届いたことがある。それは、6か月先に開かれる小さなカンファレンスでの話だった。

私はそのカンファレンスの1か月前に小さな手術をする予定だったので、医師に相談したところ、その手術を受ける人のほとんどは、1か月もしないうちに旅行できるようになると言われた。

私は自分もその一人に入るだろうと考えた。仮に入らなかったとしても、それほど痛みはひどくないだろうと思い、招待を快く受けた。そのときは、5か月後に私が味わうかもしれない痛みも含めて、すべてがあやふやでぼんやりとしていた。

そして実際に手術が終わったとき、私は気づいた——痛みを抱えたまま術後の回復に努めるなかで、講演の準備をしなければならないということに。

6か月前に招待を受けたときは、細かいことは一切考えていなかった。私としたことが、なぜ気づかなかったのか。

自分がカンファレンスを計画する側のときは、講師を確保するのは大変なので、必ず何か月も前に招待するようにしている。**日程が遠い先にあるほうが、引き受けてもらいやすい**と知っているからだ。自分もまんまとこのトリックに引っかかってしまった。

こうして**未来を軽んじるから、多くを引き受けすぎてしまう**ということが起こるのだ。人はずいぶん先のことになると、自分が関わるうえで避けられないコスト、痛み、労力、時間の見積もりがひどく甘くなる。

時間的に遠い先のことを甘く見積もるのは、痛みに限った話ではない。報酬についても同じだ。

気候変動について再び考えてみよう。ある研究を通じて、空気のきれいな日が1年後に35日あるのと、今年に21日あるのとでは、後者を好む人が多いとわかった。[8] いま現在の自分がきれいな空気を満喫するさまは想像しやすいが、未来の自分がどうなっていて、その自分がきれいな空気をどれくらい大事に思うかは想像しづらいのだ。

先のことを「できる限り具体的」に想像する

心理的な距離にとらわれずにすむ方法は何かないのか？

効果が実証されているのは、**未来に起こる出来事について可能な限り具体的に思い浮かべて、未来をより現実的なものとして実感する**という方法だ。しかも、思い浮かべやすくなる最新のツールもある。

ある研究では、将来に向けて金銭的な備えを若者に促すために没入型VRが使用された。[9]具体的には、実験に参加した大学生のアバターを作成した。そして一部の参加者のアバターに、定年を迎えた年齢に見えるような修正を施した。

すると、アバターの歳をとらせた参加者のグループでは、老後の資金として仮想の1000ドルを取っておく人の数が、自分と同じ年齢の見た目のアバターを見ていた参加者グループの約2倍にのぼった。

最新のVR設備を使える人はあまり多くないが、未来の楽しい出来事を想像するだけでも、未来に起こることの価値を割り引かなくなる効果が期待できる。

報酬の遅延が関係するよくある場面を参加者に提示した実験がある。[10]要は、いま報酬をもらう（例：いま20ユーロもらう）か、後でより大きな報酬をもらう（例：45日待って35ユーロもらう）かのどちらかを選ばせるというものだ。

ただし、この実験ではその選択肢を提示する前に、参加者に対して、今後7か月以内に計画していることをリストアップさせた。たとえば、オードリーという名の参加者には、

45日後にローマで休日を過ごす計画があるかもしれない。

その後、参加者に2つの報酬を提示し、**遅れて得られる報酬には各自がリストアップした計画と関連性を持たせた**。つまり、オードリーには、「いますぐ20ユーロもらう」という選択肢と、(「ローマの休日」という文言を書き添えた)「45日後に35ユーロもらう」という選択肢の2つの選択肢を提示した。

こうして未来に計画していることを思い起こさせた結果、未来に得る報酬の価値が不合理に割り引かれることが大幅に減り、遅れて得られる報酬を選ぶ気持ちが強まった。

この種のテクニックは、タバコや酒、カロリー摂取の節制を促す方法を開発するうえで重要なものになっている。

肥満の女性を対象に、昼食からかなり時間がたって空腹になっているタイミングで次の実験が行われた[11]。

まず彼女たちに、ミートボールやフライドポテト、ソーセージ、クッキー、ディップなど、多くの人に好まれる食べ物を思い浮かべてもらい、食べたい衝動を誘発させた。

そのうえで、それらを無制限に食べられる時間を15分設け、味に点数をつけさせた。

食べているあいだ、そのなかで無作為に選ばれた半数の女性には、**未来に起こるいいことについて自分が話している音声**を聞かせた。

残りの半数にも自分の声を聞かせたが、それは女性作家が綴った旅の記録を読み上げたもので、参加者の未来とは無関係な内容だった。

食事に割り当てられた15分が終わると、参加者ごとに摂取したカロリーを計測した。するると、自分の未来について考えながら食べていた参加者の平均摂取カロリーが約800キロカロリーだったのに対し、そうでない参加者の平均摂取カロリーは、約1100キロカロリーだった。

やるべきことを「追求」しすぎてしまう

この章では、人が未来に得る報酬の価値を不合理に割り引く理由の説明から始まって、割り引く要因となりうる要素をいくつか取り上げ、それらを克服する方法を解説した。

それでは最後に、重要な警告を補足したい。

この章で論じてきた話は、目先の報酬を拒んで未来の報酬を優先することが絶対的に正しい、と言っているように聞こえたかもしれない。

たしかに、「誰もがよりよい自分に変われる」という考えや、「持って生まれた才能より不断の努力ややり抜く力（グリット）のほうが重要である」という考えは、昨今、世間で話題になる心理学研究の主流を担っている。

また、最初から才能の片鱗を見せていたわけではないが、気骨があって逆境に立ち向かい、最後には偉業を成し遂げたという著名人のことを描いてベストセラーとなった本もごまんとある。ドラッグやアルコールへの依存や犯罪を減少させるために、個性の確立や自己管理力の改善を目的としたプログラムも数多い（政府から助成金が出ているものも一部ある）。そうした活動を、私は心から称賛する。


とはいえ、**自己管理ばかりがやたらと強調されると、それが裏目に出ることはないか**と心配にもなる。

何があっても自分を貫き通して成功した人の逸話は、いつの時代も刺激的だ。しかし、そういうケースだけを考慮することは、まさに第2章で取り上げた「確証バイアス」の典型だ。長年にわたって自分を貫き通したが、すべてムダに終わったという人の例も、やはりごまんとある。

私たちはそろそろ、「やればできる」の精神をことさらに称賛する文化について考え直すべきではないだろうか。

私は次の理由から、そう考えるようになった。

ひとつには、**「思春期や青年期の若者のあいだで不安が蔓延している」**という事実だ。アメリカ国立精神保健研究所の報告によると、思春期の若者の3分の1近くが、少なくとも一度は不安障害に陥った経験があるという。

この傾向は一時的な広がりではなく、不安を抱える若者の数は増え続けている。[12] 18〜25歳で不安を感じている人の割合は、2008年では8パーセントだったが、2018年には15パーセントに増えた（つまり、コロナのパンデミックが起こる前からすでに増えていた）。

不安を感じている若者が増えていることは、私も個人的に感じ取っていた。優秀な学生の多くが、FOMO（Fear of Missing Out 取り残されることへの不安）を感じているのだ。それも、楽しいことから取り残されるのではないかと不安になるのではない。「終わりのない成果競争で生き残るために欠かせない何かを、自分はやり損ねているのではないか」と不安になっているのだ。

自動的に「目の前の山」を登り続けてしまう

私もそうだった。この章の冒頭で語ったように、私は何としても25歳で博士号を取得するのだと、自分を駆り立てていた。

だが、この話には続きがある。博士号を取得してからほどなく、私は新たに得た博士研究員という仕事で稼いだお金を使い、初めてパリを訪れた。

ユースホステルのクローゼットほどの大きさの部屋にしか泊まれなかったが、何もかもが驚くほど美しく、そしておいしかった。クレープとオニオンスープに出合い、「ジャンボン（ハム）」のバゲットサンドには分厚いスライスチーズ並みのバターを挟んでもいいのだと学んだ。

だが何といっても最大のカルチャーショックとなったのは、平日に2時間の昼休憩をとり、楽しくワインを飲んでいる人があまりにも多いことだった。私はずっと、ランチは生産性を下げるものだとみなしていたので、コンピューターとにらめっこしているときや記事を読んでいるときに、10分で口のなかに何かを放り込むだけだった。

それからパリで美術館巡りをしながら、2世紀前に生きていた人々の奇妙な風習が描かれた絵画を見ていると、こんな思いが頭をよぎった。

私が見ている絵画のなかにいる人々は、離婚は違法とされて当然で、最先端を行く女性のファッションにコルセットは不可欠だと思っていた。

では、いまの時代の私たちにとっては当たり前でも、未来の人々が見たら、間違ってい

る し滑稽だと思えることには何があるだろう？

当時の私は博士号を取得したばかりで、博士号には自分があらゆる努力や犠牲を厭わず、楽しいことを先送りにしただけの価値はあったのだろうかと考えていた。

そして絵を見てまわっているうちに、**「働くために生きている」というような私たちの姿勢は、きっと未来の世代で笑いものになるのではないか**と思い至った。

いまの社会では、ほとんどの人が生きるために働かなくてはいけないばかりか、もっとも恵まれている人ですら、必死に働き続けねばならないという感覚から逃れられない。人は、山頂に向かうことにこそ人間の価値があるという神話をつくってきた。しかし山頂に達しても、次の山が現れる。つねに新たな山が必ず現れるのできりがない。

ほとんどの人が、安定した場所に必死にしがみつき続けるか、次から次へと山を登り続けるかのどちらかの一生を送っている。

自己管理レベルが高いほど早く老化する？

現実的に考えて、仕事を重視しすぎる現代の風潮がバカげていると認識されるのに、

200年もかからないと思う。

ヨーロッパ諸国の多くは、すでにそのことに気がついているようだ。デンマーク、ノルウェー、フィンランドといった北欧諸国は、幸福度で世界のトップクラスにつけている。その理由のひとつにあるのが教育と医療の無償化で、それによって高いレベルでのワークライフバランスが可能になっている。

行きすぎた自己管理は精神衛生や幸福の妨げとなるばかりか、肉体にも悪影響を及ぼす。とりわけ社会経済的地位において不利な人のあいだで、その傾向は強くなる。[13] ジョージア州の田舎に暮らす、社会経済的地位で不利な立場にあるアフリカ系アメリカ人のティーンエイジャーのグループを数年にわたって追跡調査した記録がある。[14]

その調査では、ティーンの若者たちの自己管理レベルを測定した。

(なお、これから明らかにする結果は素直に受け入れ難い内容なので、懐疑的な読者のためにも測定の仕方について補足しておく。若者たちの自己管理レベルは、彼らの保護者が評価するとともに、若者たち自身が回答した自己評価表によって算出された。その評価表は、「目標に対する進捗状況をつねに把握している」や「変わりたいと思えば、自分は変われる」といった設問に同意する度合いを答えるものだった)。

当然といえば当然だが、自己管理レベルにはかなりのばらつきが見られた。

17〜19歳で自己管理が優れていた子は、22歳で薬物の乱用や暴力行為に走る確率が低かった。これは予測どおりの結果で、自己管理を行うメリットの典型が表れたといえる。ところが、意外な発見も報告された。**思春期中期での自己管理レベルが高い子ほど、青年期になったときに免疫細胞に老化の兆しが多く表れた**のだ。

別の研究でも、よく似た驚くべき傾向が見つかっている。社会経済的地位は低いが自己管理力が高い子は、違法行為や薬物の乱用に及ぶ数は少ないものの、心血管疾患（肥満、血圧、ストレスホルモンの数値に現れる病）にかかるリスクが高かった。

いったいどういうことなのか？

不利な環境にあっても自制心の高いティーンエイジャーは、学校や社会でうまくいき始めると、その状態を維持したい、いや、もっと上に行きたいと願う。しかし不利な環境に置かれているせいで、彼らには絶えず試練や困難が立ちはだかる。そして自制心が高いからこそ、あきらめず試練に立ち向かう。いわば、**何年にもわたって終わりのない闘いを延々と繰り広げるようなもの**だ。彼らのストレスホルモン系は絶えず活動状態にあり、それは身体が壊れるまで続く。

完璧主義だと「難しいこと」ができなくなる

行きすぎた自己管理によって悪影響が生じるのは、不利な環境にいる子に限った話ではない。

社会経済的な立場を問わず、参加すれば報酬として講義の単位を与えるとの呼びかけで集まった大学生を対象に行われた実験がある。[15]

その実験では、参加者に「感情を自分で抑えられるようになりたい」や「望まない習慣を変える力がもっとあったらいいのにと思う」といった言葉に同意する度合いを尋ね、各自が欲している自己管理がどういうものかを測定した。

その後、全参加者に文章を写すタスクを課した。

一部のタスクはとても単純で、参加者の母語であるヘブライ語で書かれた文章をキーボードで打つだけでよかった。

だが、意地の悪いタスクもあった。写す文章が彼らにとって外国語にあたる英語で書かれているうえ、キーボードを打つときは利き手でないほうの手しか使うことが許されず、アルファベットの「e」を飛ばし、スペースバーを使ってもいけない。

たとえば、「If a cluttered desk is a sign of a cluttered mind, of what, then, is an empty desk a sign?」（アルベルト・アインシュタインの言葉。「乱雑な机が乱雑な頭脳の証なら、空っぽの机は何の証か?」の意）を写したら、「Ifaclutrddskisasignofaclutrdmind,ofwhat,thn,isanmptydskasign?」となる（私にとって英語は日常語だし両手を使って打ったが、それでもかなり難しかった）。

これらのタスクについて、自己管理をとりわけ重んじる人のほうが上手にこなすと思うだろうか?

実際は違った。

自己管理力に対する強い欲求は、単純なタスクにはそれなりのメリットが見られたが、困難なタスクではその逆が起きた。**自己管理力を強く求めている人のほうが、それほど求めていない人よりうまくできなかった**のだ。

なぜそんなことになったのか?

困難なタスクには、極端にハイレベルな自己管理力が求められるからだ。

自己管理力を強く欲している人は、自分の理想（完璧な人間になること）と実際の能力に開きがあるとすぐさま気づいた。目指すものになれそうにないとわかれば、人はがっかりする。その結果、彼らは手を抜き、むしろ持てる力を発揮できなくなってしまったのだ。

結果だけを見るな、過程を楽しめ

このような事象について知ると、若者のあいだで不安が広まっていることに少しは納得がいくのではないだろうか。

不利な環境に置かれている若者は、「出発点にいたときより、よくならなければ」と感じる。他方、恵まれた環境に置かれている若者も、優秀な同級生に囲まれ、類いまれな才能や偉業をアピールする誰かの投稿を絶えずソーシャルメディアで目にし、自分が到達すべき理想のレベルがひっきりなしに頭に浮かぶ。

現実の自分と理想の自分のあいだに差異があれば、自己管理力に長けた若者は自分に無理をさせ、ひいてはストレスや不安が生じ、敗北感を味わう。

いつまで追求を続け、いつやめるかを判断するのは簡単ではない。

それを見極めるべく、私は日々、「**結果に飛びつかず、過程を楽しめ**」と自分に言い聞かせている。

ヨガ教室でラクダのポーズに挑戦するときは、インストラクターの「呼吸」という言葉に耳を傾ける。ポーズをとるべく床に膝をついて背骨を反らし、とうてい届きそうにないかかとをつかもうと手を伸ばすとき、インストラクターが「呼吸」と呼びかける。それは、自分を追い込む度合いを各自に呼吸で判断させるためだ。呼吸がしづらければ、それ以上無理をしてはいけない。

私はこのアドバイスを信用していて、そのおかげで、どこまでも追求してしまう性分の私でも怪我をせずにすんできた。

ラクダのポーズができるようになることは生涯ないかもしれないが、それは自分の腕が短いせいにすればいい。ポーズが完璧にできなくても、呼吸を維持しながら、背骨が目を覚ます感覚や、血液が頭にめぐる感覚を味わうことはできる。

価値ある目標を追求しているときは、達成に向けた行動がつらくても、その痛みすら心地よいものだ。それは、きついエクササイズをしているときや、辛い鍋を食べているとき、キンキンに冷えた炭酸飲料を飲んでいるときに感じる痛みに似ている。

しかし、目標のために自分で自分を傷つけていると感じたり、達成がすべてで過程は楽しくないと感じたりするようであれば、いったん立ち止まってみるべきだ。自分の優先順位についてだけでなく、そのやり方、考え方でいいのかと改めて考えてみてほしい。

最後に

人はなぜ、もっとうまく思考を操れるようになりたいと思うのか？

この問いに対し、次のような率直な答えが何度か返ってきた。

「この教室の全員を出し抜けるようになりたいから」

たしかに、「損失回避」の概念を理解すれば、他者の不安を利用した事業や投資戦略を思いつけるようになるかもしれない。同じ成果を説明するにも、「情報を提示する順序によって印象が大きく変わる」という知識は、他者の意見を操りたいときに役に立つだろう。

だが願わくば、そういう目的で本書を利用する人が現れないでほしい。

私はずっと、認知心理学をどう活用すれば世界をもっといい場所にできるかと考えてきた。誰かを出し抜いたり打ち負かしたりしても、世界はよくはならない。

そこで、ここまで語ってきたことを振り返り、思考のエラーについての知識が世界をよくするためにどう生かせるか見ていこう。

私は、よりよい世界というのは「よりフェアな世界」だと思っている。

そしてフェアであるためには、もっとバイアスにとらわれない思考をする必要がある。

そのためにはまず、誰もが自分自身に対してフェアになること。

人は、**自分を卑下するべきではない**。

自分の能力を疑う理由ばかり積極的に探したり（第2章）、創造的なエネルギーのすべてを費やして自らの不運に最悪の解釈を当てはめたり（第6章）すると、自分を卑下してしまいやすくなる。

また、**自分を過信するのもフェアではない**。

過信すれば、自分の限界を無視して自分の手に負えない状況に身を置きかねない（第1章）。自分のための決断は、できるだけ偏りなく、統計の原理や確率論に基づいて下すこと。それがもっとも精度の高い予測となる（第4章）。

人は逸話や切り取り方に騙され、損失回避にとらわれやすいと知っていれば、そういうテクニックを駆使して出し抜こうとする人を、こちらが出し抜けるようになる（第5章）。また、自分の未来をしっかりと考慮しないのは自分に対してフェアではないが、未来のために現在を犠牲にするのも、やはりフェアではない（第8章）。

それから、**他者に対しても、もっとフェアになれる**はずだ。

よりよい思考はバイアスが少ないので、公平性が増す。

もし特定の集団が「自分たちはあることに長けているので特別だ」と主張してきたとしても、「あることに長けている」だけでは十分な根拠にならない。その人たちと同じくらい、いや、その人たち以上にそのことに長けた集団がほかにいるかもしれないからだ。この種の仮説を正当に検証するには、全員に平等な機会を提供するしかない（第2章）。

そして、ひとつの事象の背景にはつねに複数の原因となりうるものが存在すると認識すれば、称賛も非難ももっと公正にできるようになるだろう（第3章）。

「自分はもうわかっている」と思い込むのをやめて、相手のニーズやウォンツを直接尋ねられるようになれば、社会はより平等な社会へと向かう（第7章）。

計画錯誤（第1章）のような誰もが犯しがちな過ちを念頭において予備のプランを用意できるようになれば、他者に対して、もっと寛容になれるに違いない――その相手がこの本を読んだことがない人なら、なおさらだ！

新品のジーンズや靴と同じで、新しい思考法がなじむには時間がかかる。

思考のすべてを完璧に思いどおりにすることはできないし、する必要もないけれど、独りのときに最近の思考の調子はどうかと考えてみたり、その働きぶりについて誰かと話し合ったりすることにいまよりもっと時間を使ってみても、損はないはずだ。

謝辞

まずは、本書で引用した研究をはじめ、この本の土台を築いてくれた研究に携わったすべての認知心理学者に感謝する。とりわけ、ダニエル・カーネマンと故人となったエイモス・トヴェルスキーがいなかったらもっとひどい世界になっていたと思うので、二人による画期的な調査には感謝してもしきれない。

それから、私の「シンキング」の講義を受講したすべての学生にも感謝の意を伝えたい。熱心に学び、自らの思考のエラーを笑い飛ばす彼らの熱意や積極性が刺激となり、私はその3時間分の講義の準備に毎週20時間以上かけている。

もっと適切で新しい事例やジョークはないかと探すのは、彼らを飽きさせないためであり、講義の内容を少しでも長く彼らの意識にとどめさせたいからだ。彼らの熱意がなかったら、この本は決して生まれなかった。また、この本の副題〔原書副題は「How to Reason Better to Live Better」〕は、2021年の秋に受講したアリシア・マズッラが考案してくれた。

フラットアイアン社のウィル・シュワルブは天才的な話術を持つベテラン編集者で、数回にわたって原稿を加筆修正する過程において、辛抱強く見事な手腕で私を導いてくれた。彼は実に高度な「心の理論」の持ち主で、作家がやろうとしていることだけでなく、読者の視点も明確に理解していた。それほど優秀な編集者と一緒に仕事をするのは本当に楽しく、本の完成が近づくと、この仕事が終わってしまうのが残念に思えたほどだ。

著作権エージェントのジム・レヴィーンには、とくにこの本をかたちにする最初の段階で助けてもらった。人の思考の「どこがおかしいか」というネガティブなテーマではなく、「どうすれば思考をよくすることができるか」というポジティブなテーマにこだわったほうがいいと彼が訴えてくれて、本当によかった。

私の書いた文章全体を大幅にレベルアップさせたのはアーサー・ゴールドワグで、英語が母語でない私の文章を、私の声を保ったまま編集してくれた。編集部のサマンサ・ザッカーグッドとアンドレア・モスケーダには、若い世代の視点をアドバイスしてもらった。それから、フラットアイアン社で原稿整理を担当するビル・ワーホップの丁寧な仕事にも感謝している。

この本で紹介した、私が独自に行った研究は、アメリカ国立精神衛生研究所ならびにアメリカ国立ヒトゲノム研究所からの助成金、さらにはリブート財団からの寛大な寄付を受けた。

そして最後に、私の夫、マーヴィン・チュン。私はイェール大学で助教を務めていた1998年ごろに、女性教授のためのパネルセッションに参加した。それはすべてを手に入れる、つまりはキャリアと家族を手に入れるにはどうすればいいかを議論する場で、パネリストの一人がこう言った。両方を手に入れる秘訣はたったひとつ、自分に合った夫を見つけることなのだと。

幸い、私はすでに見つけていた。私と夫は結婚してからずっと、家事と育児を分担している。二人の子どもの名前も、夫婦のどちらかの名前の一部を入れた。夫はつねに私の仕事を応援し、私が自信をなくすたびに親身になって悩んでくれる。夫は非常に人気の高い「心理学入門」の講義を長年にわたって担当している認知心理学者でもあるので、その立場から、各章の第一稿に目を通しては、建設的な意見や批判的な意見を述べてくれた。

それに加えて、夫という立場のせいで、パンデミックで家にこもっているあいだ、執筆の喜びと苦しみから生まれる私の自画自賛や泣き言を聞かされる羽目にもなった。本当に、いろいろありがとう。

訳者あとがき

いま、イェール大学の学生を夢中にさせている講義がある。「シンキング」というその講義には、450席の大講堂に熱心な学生たちがぎっしり集まると本書でも言及されている。この講義はイェールの名物講義として知られ、開講する教室や頻度を変えながら何年も続いている。

そんな大人気講義を担当するのが、この本の著者アン・ウーキョンだ。彼女は韓国の延世大学を卒業後、イリノイ大学大学院に進学すると、25歳の若さで心理学の博士号を取得して博士研究員となり、2003年にイェール大学の心理学教授に就任した。そしていまなお、私たちを惑わすバイアスについて調べ、バイアスを克服する方法を研究している。

アンが教鞭をとる講義「シンキング」では、人間の思考の仕組みを理解し、バイアスにとらわれないようにするにはどうすればいいかを学ぶ。論理や理性の「穴」と、その対処法を知ることで、論理的思考力を高めることが狙いだ。

講義では、事例がいくつも紹介される。その内容は多岐にわたるが、アンはとりわけ学生たちが身近に感じる事例の提供を心がけていて、彼らの理解が深まると思えば、彼女が恥をかいたエピソードを披露することも厭わない。また、一方的に語って聞かせるだけの講義にしないための工夫にも余念がなく、BTSのダンスに挑戦する人を募ることまである！

そうして思考のバイアスについて理解し、バイアスの影響を実際に体感した学生たちは、その内容を誰かに話したり、実生活で試したりせずにはいられなかった。その結果、「シンキング」は口コミで評判となり、大きな注目を集めるようになったのである。

本書はそんな大人気講義のエッセンスを余すところなく体感できる貴重な一冊だ。

私たちが日々下している決断の数は、一時間につき2000とも、一日あたり3万5000ともいわれている。それだけの決断を一日も欠かさず下してきたのであれば、論理的思考力はそれなりに備わっていると思いたい。

たしかに、私たちの脳は驚嘆に値する働きをする。だが、その働きを過信するのは危うい。むしろ驚嘆するほどの機能が備わっているからこそ、思考のバイアスからは逃れられないのだ。

どんなに望んでも、すべてを論理的に判断できるようには絶対にならないが、どういうバイアスがあり、どういう対処の仕方があるかを知れば、失敗や後悔の数を減らすことはできる。

アンは、学んだことを通じて学生たちの論理的思考力が向上し、ひいては社会がよりよくなっていってほしいと考えている。

本書を通じて、自分の思考について思いを巡らせたくなる人や、自分と上手につきあっていく自信が持てるようになる人が増えてくれたら嬉しい。そうやって、よりよい世界が広がっていきますように。

最後になったが、本書の翻訳にあたり、編集者の三浦岳さんに大変お世話になった。この場を借りてお礼申し上げます。

2023年8月　花塚　恵

13. Gregory E. Miller, Tianyi Yu, Edith Chen, and Gene H. Brody, "Self-control forecasts better psychosocial outcomes but faster epigenetic aging in low-SES youth," *Proceedings of the National Academy of Sciences* 112, no. 33 (2015): 10325–30.
14. Gene H. Brody, Tianyi Yu, Edith Chen, Gregory E. Miller, Steven M. Kogan, and Steven R. H. Beach, "Is resilience only skin deep? Rural African Americans' socioeconomic status-related risk and competence in preadolescence and psychological adjustment and allostatic load at age 19," *Psychological Science* 24, no. 7 (2013): 1285–93.
15. Liad Uziel and Roy F. Baumeister, "The self-control irony: Desire for self-control limits exertion of self-control in demanding settings," *Personality and Social Psychology Bulletin* 43, no. 5 (2017): 693–705.

Magnus Johannesson, Michael Kirchler et al., "Evaluating the replicability of social science experiments in *Nature* and *Science* between 2010 and 2015," *Nature Human Behaviour* 2, no. 9 (2018): 637–44.

Chapter 08　わかっているのに「我慢」できない

1. 遅延割引の不合理性については，以下の書籍を参考にした．Jonathan Baron, *Thinking and deciding,* 3rd ed. (Cambridge: Cambridge University Press, 2000).
2. Walter Mischel, Ebbe B. Ebbesen, and Antonette Raskoff Zeiss, "Cognitive and attentional mechanisms in delay of gratification," *Journal of Personality and Social Psychology* 21, no. 2 (1972): 204–18.
3. Tyler W. Watts, Greg J. Duncan, and Haonan Quan, "Revisiting the marshmallow test: A conceptual replication investigating links between early delay of gratification and later outcomes," *Psychological Science* 29, no. 7 (2018): 1159–77.
4. 以下などを参照のこと．Armin Falk, Fabian Kosse, and Pia Pinger, "Re-revisiting the marshmallow test: A direct comparison of studies by Shoda, Mischel, and Peake (1990) and Watts, Duncan, and Quan (2018)," *Psychological Science* 31, no. 1 (2020): 100–104.
5. James Grosch and Allen Neuringer, "Self-control in pigeons under the Mischel paradigm," *Journal of the Experimental Analysis of Behavior* 35, no. 1 (1981): 3–21.
6. Amos Tversky and Eldar Shafir, "The disjunction effect in choice under uncertainty," *Psychological Science* 3, no. 5 (1992): 305–10.
7. Priyanka D. Joshi and Nathanael J. Fast, "Power and reduced temporal discounting," *Psychological Science* 24, no. 4 (2013): 432–38.
8. David J. Hardisty and Elke U. Weber, "Discounting future green: money versus the environment," *Journal of Experimental Psychology: General* 138, no. 3 (2009): 329–40.
9. Hal E. Hershfield, Daniel G. Goldstein, William F. Sharpe, Jesse Fox, Leo Yeykelis, Laura L. Carstensen, and Jeremy N. Bailenson, "Increasing saving behavior through age-progressed renderings of the future self," *Journal of Marketing Research* 48, issue. SPL (2011): S23–37.
10. Jan Peters and Christian Büchel, "Episodic future thinking reduces reward delay discounting through an enhancement of prefrontal-mediotemporal interactions," *Neuron* 66, no. 1 (2010): 138–48.
11. T. O. Daniel, C. M. Stanton, and L. H. Epstein, "The future is now: Reducing impulsivity and energy intake using episodic future thinking," *Psychological Science* 24, no. 11 (2013): 2339–42.
12. Renee D. Goodwin, Andrea H. Weinberger, June H. Kim, Melody Wu, and Sandro Galea, "Trends in anxiety among adults in the United States, 2008–2018: Rapid increases among young adults," *Journal of Psychiatric Research* 130 (2020): 441–46.

7. Joshua Correll, Bernadette Park, Charles M. Judd, and Bernd Wittenbrink, "The police officer's dilemma: Using ethnicity to disambiguate potentially threatening individuals," *Journal of Personality and Social Psychology* 83, no. 6 (2002): 1314–29.
8. Charles G. Lord, Lee Ross, and Mark R. Lepper, "Biased assimilation and attitude polarization: The effects of prior theories on subsequently considered evidence," *Journal of Personality and Social Psychology* 37, no. 11 (1979): 2098–109.
9. Dan M. Kahan, Ellen Peters, Erica Cantrell Dawson, and Paul Slovic, "Motivated numeracy and enlightened self-government," *Behavioural Public Policy* 1, no. 1 (2017): 54–86.
10. Jessecae K. Marsh and Woo-kyoung Ahn, "Spontaneous assimilation of continuous values and temporal information in causal induction," *Journal of Experimental Psychology: Learning, Memory, and Cognition* 35, no. 2 (2009): 334–52.

Chapter 07 「知識」は呪う

1. Justin Kruger, Nicholas Epley, Jason Parker, and Zhi-Wen Ng, "Egocentrism over e-mail: Can we communicate as well as we think?," *Journal of Personality and Social Psychology* 89, no. 6 (2005): 925–36.
2. Kenneth Savitsky, Boaz Keysar, Nicholas Epley, Travis Carter, and Ashley Swanson, "The closeness-communication bias: Increased egocentrism among friends versus strangers," *Journal of Experimental Social Psychology* 47, no. 1 (2011): 269–73.
3. Susan A. J. Birch and Paul Bloom, "The curse of knowledge in reasoning about false beliefs," *Psychological Science* 18, no. 5 (2007): 382–86.
4. L. Newton, "Overconfidence in the communication of intent: Heard and unheard melodies" (unpublished Ph.D. diss., Stanford University, 1990).
5. Stephen M. Garcia, Kimberlee Weaver, and Patricia Chen, "The status signals paradox," *Social Psychological and Personality Science* 10, no. 5 (2019): 690–96.
6. Shali Wu and Boaz Keysar, "The effect of culture on perspective taking," *Psychological Science* 18, no. 7 (2007): 600–606.
7. Xiao Pan Ding, Henry M. Wellman, Yu Wang, Genyue Fu, and Kang Lee, "Theory-of-mind training causes honest young children to lie," *Psychological Science* 26, no. 11 (2015): 1812–21.
8. Claire L. Adida, Adeline Lo, and Melina R. Platas, "Perspective taking can promote short-term inclusionary behavior toward Syrian refugees," *Proceedings of the National Academy of Sciences* 115, no. 38 (2018): 9521–26.
9. Tal Eyal, Mary Steffel, and Nicholas Epley, "Perspective mistaking: Accurately understanding the mind of another requires getting perspective, not taking perspective," *Journal of Personality and Social Psychology* 114, no. 4 (2018): 547–71.
10. David Comer Kidd and Emanuele Castano, "Reading literary fiction improves theory of mind," *Science* 342, no. 6156 (2013): 377–80.
11. Colin F. Camerer, Anna Dreber, Felix Holzmeister, Teck-Hua Ho, Jürgen Huber,

Consumer Research 15, no. 3 (1988): 374–78.

5. Woo-kyoung Ahn, Sunnie S. Y. Kim, Kristen Kim, and Peter K. McNally, "Which grades are better, A's and C's, or all B's? Effects of variability in grades on mock college admissions decisions," *Judgment and Decision Making* 14, no. 6 (2019): 696–710.
6. Daniel Kahneman and Amos Tversky, "Prospect theory: An analysis of decision under risk," *Econometrica* 47, no. 2 (1979): 263–92.
7. C. Whan Park, Sung Youl Jun, and Deborah J. Macinnis, "Choosing what I want versus rejecting what I do not want: An application of decision framing to product option choice decisions," *Journal of Marketing Research* 37, no. 2 (2000): 187–202.
8. Roland G. Fryer, Steven D. Levitt, John List, and Sally Sadoff, *Enhancing the efficacy of teacher incentives through loss aversion: A field experiment,* No. w18237, National Bureau of Economic Research, 2012.
9. Jack L. Knetsch, "The endowment effect and evidence of nonreversible indifference curves," *American Economic Review* 79, no. 5 (1989): 1277–84.
10. C. Nathan DeWall, David S. Chester, and Dylan S. White, "Can acetaminophen reduce the pain of decision-making?," *Journal of Experimental Social Psychology* 56 (2015): 117–20.
11. Barbara J. McNeil, Stephen G. Pauker, Harold C. Sox Jr., and Amos Tversky, "On the elicitation of preferences for alternative therapies," *New England Journal of Medicine* 306, no. 21 (1982): 1259–62.
12. Eldar Shafir, "Choosing versus rejecting: Why some options are both better and worse than others," *Memory & Cognition* 21, no. 4 (1993): 546–56.

Chapter 06　脳が勝手に「解釈」する

1. Graham E. Quinn, Chai H. Shin, Maureen G. Maguire, and Richard A. Stone, "Myopia and ambient lighting at night," *Nature* 399, no. 6732 (1999): 113–14.
2. "Night-light may lead to nearsightedness," CNN.com, May 13, 1999, http://edition.cnn.com/HEALTH/9905/12/children.lights/.
3. Karla Zadnik, Lisa A. Jones, Brett C. Irvin, Robert N. Kleinstein, Ruth E. Manny, Julie A. Shin, and Donald O. Mutti, "Myopia and ambient night-time lighting," *Nature* 404, no. 6774 (2000): 143–44.
4. Ulysses Torassa, "Leave it on: Study says night lighting won't harm children's eyesight," CNN.com, March 8, 2000, https://edition.cnn.com/2000/HEALTH/children/03/08/light.myopia.wmd/index.html.
5. Eric G. Taylor and Woo-kyoung Ahn, "Causal imprinting in causal structure learning," *Cognitive Psychology* 65, no. 3 (2012): 381–413.
6. Corinne A. Moss-Racusin, John F. Dovidio, Victoria L. Brescoll, Mark J. Graham, and Jo Handelsman, "Science faculty's subtle gender biases favor male students," *Proceedings of the National Academy of Sciences* 109, no. 41 (2012): 16474–79.

Chapter 04 危険な「エピソード」

1. Tim McAfee, Kevin C. Davis, Robert L. Alexander Jr, Terry F. Pechacek, and Rebecca Bunnell, "Effect of the first federally funded US antismoking national media campaign," *The Lancet* 382, no. 9909 (2013): 2003-11.
2. Eugene Borgida and Richard E. Nisbett, "The differential impact of abstract vs. concrete information on decisions," *Journal of Applied Social Psychology* 7, no. 3 (1977): 258-71.
3. Deborah A. Small, George Loewenstein, and Paul Slovic, "Sympathy and callousness: The impact of deliberative thought on donations to identifiable and statistical victims," *Organizational Behavior and Human Decision Processes* 102, no. 2 (2007): 143-53.
4. Geoffrey T. Fong, David H. Krantz, and Richard E. Nisbett, "The effects of statistical training on thinking about everyday problems," *Cognitive Psychology* 18, no. 3 (1986): 253-92.
5. David M. Eddy, "Probabilistic reasoning in clinical medicine: Problems and opportunities," *Judgment under Uncertainty: Heuristics and Biases,* edited by Daniel Kahneman, Paul Slovic, and Amos Tversky (Cambridge: Cambridge University Press, 1982), 249-67.
6. Philip Dawid and Donald Gillies, "A Bayesian analysis of Hume's argument concerning miracles," *Philosophical Quarterly (1950-)* 39, no. 154 (1989): 57-65.
7. United States Government Accountability Office Report to Congressional Requesters, "Countering violent extremism: Actions needed to define strategy and assess progress of federal efforts," (GAO-17-300), April 2017, https://www.gao.gov/products/gao-17-300; この資料の存在を指摘してくれた元学部生のアレクサンドラ・オッターストロムに感謝する.
8. Mary L. Gick and Keith J. Holyoak, "Schema induction and analogical transfer," *Cognitive Psychology* 15, no. 1 (1983): 1-38.

Chapter 05 「損したくない!」で間違える

1. Geng Cui, Hon-Kwong Lui, and Xiaoning Guo, "The effect of online consumer reviews on new product sales," *International Journal of Electronic Commerce* 17, no. 1 (2012): 39-58.
2. Susan T. Fiske, "Attention and weight in person perception: The impact of negative and extreme behavior," *Journal of Personality and Social Psychology* 38, no. 6 (1980): 889-906.
3. Roy F. Baumeister, Ellen Bratslavsky, Catrin Finkenauer, and Kathleen D. Vohs, "Bad is stronger than good," *Review of General Psychology* 5, no. 4 (2001): 323-70.
4. Irwin P. Levin and Gary J. Gaeth, "How consumers are affected by the framing of attribute information before and after consuming the product," *Journal of*

Mynatt, Kimberly A. Gross, and Daniel L. Arkkelin, "Strategies of rule discovery in an inference task," *Quarterly Journal of Experimental Psychology* 32, no. 1 (1980): 109–23.

6. Ziva Kunda, Geoffrey T. Fong, Rasyid Sanitioso, and Emily Reber, "Directional questions direct self-conceptions," *Journal of Experimental Social Psychology* 29, no. 1 (1993): 63–86.
7. Frances H. Rauscher, Gordon L. Shaw, and Katherine N. Ky. "Music and spatial task performance." *Nature* 365, no. 6447 (1993): 611–611.
8. Judy S. DeLoache, Cynthia Chiong, Kathleen Sherman, Nadia Islam, Mieke Vanderborght, Georgene L. Troseth, Gabrielle A. Strouse, and Katherine O'Doherty. "Do babies learn from baby media?" *Psychological Science* 21, no. 11 (2010): 1570–74.

Chapter 03　「原因」はこれだ!

1. 詳細は以下などを参照のこと. John M. Barry, *The great influenza: The story of the deadliest pandemic in history* (New York: Viking Press, 2004).（ジョン・バリー『グレート・インフルエンザ（上・下）』平澤正夫訳、ちくま文庫、2021年）
2. Liad Bareket-Bojmel, Guy Hochman, and Dan Ariely, "It's (not) all about the Jacksons: Testing different types of short-term bonuses in the field," *Journal of Management* 43, no. 2 (2017): 534–54.
3. Ilan Dar-Nimrod and Steven J. Heine, "Exposure to scientific theories affects women's math performance," *Science* 314, no. 5798 (2006): 435.
4. Daniel Kahneman and Amos Tversky, "The psychology of preferences," *Scientific American* 246, no. 1 (1982): 160–73.
5. Dale T. Miller and Saku Gunasegaram, "Temporal order and the perceived mutability of events: Implications for blame assignment," *Journal of Personality and Social Psychology* 59, no. 6 (1990): 1111-8.
6. Vittorio Girotto, Paolo Legrenzi, and Antonio Rizzo, "Event controllability in counterfactual thinking," *Acta Psychologica* 78, no. 1–3 (1991): 111–33.
7. Sonja Lyubomirsky and Susan Nolen-Hoeksema, "Effects of self-focused rumination on negative thinking and interpersonal problem solving," *Journal of Personality and Social Psychology* 69, no. 1 (1995): 176–90.
8. Susan Nolen-Hoeksema, Blair E. Wisco, and Sonja Lyubomirsky, "Rethinking rumination," *Perspectives on Psychological Science* 3, no. 5 (2008): 400–424
9. Ethan Kross, Ozlem Ayduk, and Walter Mischel, "When asking 'why' does not hurt: Distinguishing rumination from reflective processing of negative emotions," *Psychological Science* 16, no. 9 (2005): 709–15.
10. Ethan Kross and Ozlem Ayduk, "Facilitating adaptive emotional analysis: Distinguishing distanced-analysis of depressive experiences from immersed-analysis and distraction," *Personality and Social Psychology Bulletin* 34, no. 7 (2008): 924–38.

参考文献

Chapter 01 「流暢性」の魔力

1. Michael Kardas and Ed O'Brien, "Easier seen than done: Merely watching others perform can foster an illusion of skill acquisition," *Psychological Science* (2018).
2. Woo-kyoung Ahn and Charles W. Kalish, "The role of mechanism beliefs in causal reasoning," *Explanation and Cognition* (2000): 199–225.
3. Adam L. Alter and Daniel M. Oppenheimer, "Predicting short-term stock fluctuations by using processing fluency," *Proceedings of the National Academy of Sciences* 103, no. 24 (2006): 9369–72.
4. Matthew Fisher, Mariel K. Goddu, and Frank C. Keil, "Searching for explanations: How the Internet inflates estimates of internal knowledge," *Journal of Experimental Psychology: General* 144, no. 3 (2015): 674-87.
5. Leonid Rozenblit and Frank Keil, "The misunderstood limits of folk science: An illusion of explanatory depth," *Cognitive Science* 26, no. 5 (2002): 521–62.
6. Philip M. Fernbach, Todd Rogers, Craig R. Fox, and Steven A. Sloman, "Political extremism is supported by an illusion of understanding," *Psychological Science* 24, no. 6 (2013): 939–46.
7. Roger Buehler and Dale Griffin, "Planning, personality, and prediction: The role of future focus in optimistic time predictions," *Organizational Behavior and Human Decision Processes* 92, no. 1–2 (2003): 80–90.
8. Stephanie M. Matheson, Lucy Asher, and Melissa Bateson, "Larger, enriched cages are associated with 'optimistic' response biases in captive European starlings (Sturnus vulgaris)," *Applied Animal Behaviour Science* 109, no. 2–4 (2008): 374–83.

Chapter 02 「確証バイアス」で思い込む

1. Peter C. Wason, "On the failure to eliminate hypotheses in a conceptual task," *Quarterly Journal of Experimental Psychology* 12, no. 3 (1960): 129–40.
2. Keith E. Stanovich, Richard F. West, and Maggie E. Toplak, *The rationality quotient: Toward a test of rational thinking* (CITY: MIT Press, 2016).
3. A. Regalado, "More than 26 million people have taken an at-home ancestry test," *MIT Technology Review*, February 11, 2019, https://www.technologyreview.com/2019/02/11/103446/more-than-26-million-people-have-taken-an-at-home-ancestry-test/.
4. Matthew S. Lebowitz and Woo-kyoung Ahn, "Testing positive for a genetic predisposition to depression magnifies retrospective memory for depressive symptoms," *Journal of Consulting and Clinical Psychology* 85, no. 11 (2017): 1052-63.
5. Ryan D. Tweney, Michael E. Doherty, Winifred J. Worner, Daniel B. Pliske, Clifford R.

[著者]

アン・ウーキョン
(Woo-kyoung Ahn)

イェール大学心理学教授。イェール大学「シンキング・ラボ」ディレクター。イリノイ大学アーバナシャンペーン校で心理学の博士号を取得後、イェール大学助教、ヴァンダービルト大学准教授を経て現職。2022年、社会科学分野の優れた教育に贈られるイェール大学レックス・ヒクソン賞を受賞。本書のもととなったイェール大学の講義「シンキング」は1年で450名もの学生が受講、イェールでもっとも人気のある授業のひとつとなり、その学際的なスコープと、専門知識に加えて日常での批判的思考スキルを養成できることが広く賞賛された。著者の思考バイアスに関する研究は、米国国立衛生研究所の支援を受けている。米国心理学会および米国科学的心理学会フェロー。ハーバード大学、テキサス大学オースティン校、ペンシルベニア大学、タフツ大学などで学術講演を行い、その研究成果はNPR、ニューヨーク・マガジン、ハフポストなどのメディアで注目を集めている。

[訳者]

花塚恵
(はなつか・めぐみ)

翻訳家。福井県福井市生まれ。英国サリー大学卒業。英語講師、企業内翻訳者を経て現職。主な訳書に『脳が認める勉強法』『SLEEP 最高の脳と身体をつくる睡眠の技術』(ともにダイヤモンド社)、『LEADER'S LANGUAGE 言葉遣いこそ最強の武器』(東洋経済新報社)、『THE POP-UP PITCH 最もシンプルな心をつかむプレゼン』(かんき出版)などがある。

出典：301ページの図
Shali Wu and Boaz Keysar, "The Effect of Culture on Perspective Taking," *Psychological Science* 18, no. 7 (2007).
pp. 600-606, copyright © 2007 Association for Psychological Science.
Reprinted by Permission of SAGE Publications

イェール大学集中講義
思考の穴
——わかっていても間違える全人類のための思考法

2023年9月12日　第1刷発行
2023年10月26日　第4刷発行

著　者——アン・ウーキョン
訳　者——花塚恵
発行所——ダイヤモンド社
〒150-8409　東京都渋谷区神宮前6-12-17
https://www.diamond.co.jp/
電話／03·5778·7233（編集）　03·5778·7240（販売）

ブックデザイン—小口翔平＋畑中茜（tobufune）
本文DTP——マーリンクレイン
校正————LIBERO
製作進行——ダイヤモンド・グラフィック社
印刷————勇進印刷
製本————ブックアート
編集担当——三浦岳

ISBN 978-4-478-11575-6